知ったかぶり厳禁

税金のホント

税理士
近藤雅人 著

日本法令。

はしがき

「みんな、消費税を払っていますね！」
　小学校の租税教室の授業で、先生の口から発せられた言葉。生徒はみんな口をそろえて「はーい、はーい」と手を挙げていますが……。

「イートイン脱税」
　某有名インターネット百科事典にも掲載されたこの言葉。脱税だ、詐欺だとネットを騒がし、社会問題にもなっていますが……。

「預り金なんだから、払って当然じゃないか（怒）」
「我々の預けた税金を、ネコババしやがって（怒）」
　事業者に向けられる、悪意に満ちたこれらの言葉。消費税の世界では、事業者は常に悪者になっていますが……。

「税務当局との見解の相違？」
　ニュースでよく聞くこの言葉。「それって脱税じゃん！」。脱税をした人の言い訳にしか聞こえないようですが……

「フリーランスの所得は雑所得だといわれた……」
　持続化給付金をめぐって、フリーランスの方々から発せられたこの言葉。税務署や税理士が一方的に決めつけたように聞こえますが……。

断言します。これらはすべて誤解です！

　まことしやかにこうしたうわさがネット等に流れ、それを見聞きした人が、知ったかぶりをして、また人に話す。でも、ホントは、税金のことをほとんど知らない、それがこの国の実態ではないでしょうか。

　私は、長く税理士を続けていますが、ずっと、この誤解はどうすれば解けるのか考えてきました。
　あるとき、普段からお世話になっている理髪店のオーナーに、消費税の話をしました。そのオーナーも、最初「お客さんから預かっている消費税だから」と話されたので、私は、消費税が預り金ではないこと、事業者は国民に代わって消費税を計算し、申告納付する手間を義務として課されていること、さらに、その手間はすべて事業者の自己負担であることなどを話しました。
「そんな話、聞いたことがなかった。事業者のために、ぜひ本に書いてよ。」
オーナーはそういってくれました。

最近、大学等で講演の時間をいただく機会が増えました。税金の話というと、学生さんは年次を問わず、最初はつまらなそうに下を向いています。そこで、「イートイン脱税」や「缶コーラ益税」、「軽減税率」といった身近な税にまつわる話を、積極的にするようにしました。
学生さんからは事業者の負担に関して、「私の両親は地元で飲食店を営んでいるのですが、お店の中にレジなどはなく、伝票などは手書きで管理し、(中略)1日働いた後にため息をつきながら数字と戦っているところを間近で見てきたからこそ、少しでもその負担を減らすための政策は必要だと思います。」(原文ママ)といったレポートをいただくようになりました。

正しく伝えれば、きっと理解してもらえる！

そういえば、われわれの世代は、高校まで税金の話を聞く機会すらありませんでした。そして、大学の講義は、ある種特殊な学問のように思われていました。自分が払う税金のことなのに、何も知らないなんて、本当にそれでいいのでしょうか。
税金の本は「こうすれば税金が得をする」「税金を少なく払う方法」といった損得にまつわるネタが多いですが、この本を読んでもらっても、そういう意味で得をすることはひとつもありません。
しかし、サラリーマンも事業者もフリーランスも学生も、あるいは税理士も「税金のホント」を知らなくて良いのでしょうか？　明日みんなに話したくなる、税金のホントの話、ぜひご一読ください。
終わりに、本書の出版に当たり、お世話になりました日本法令の編集部のみなさまに、篤くお礼を申し上げます。

税金のホントを知りたいすべての人に

2020年12月
近藤　雅人

知ったかぶり厳禁　税金のホント◉目次

税務行政編

消費税編

① あなたは消費税を払っていますか？
（消費税納税義務者）
② 事業者は悪者？（事業者の負担）
③ 消費税便乗値上げって？（益税）
④ イートイン脱税って？（軽減税率Ⅰ）
⑤ 軽減税率、ホントに賛成？（軽減税率Ⅱ）
⑥ 軽減税率、あなたは判定できますか？（軽減税率Ⅲ）
⑦ 事業者にさらなる負担？（インボイス制度Ⅰ）
⑧ 赤字でも納税する？（インボイス制度Ⅱ）

消費税編　消費税納税義務者

あなたは消費税を払っていますか？

消費税払ってますか？

とある小学校の授業中の先生と生徒たちの会話です。

A先生　税金がみんなにとって、とても大切なものだということがわかりましたね
生徒全員　はーい！
A先生　それでは、みんなは税金を払ってる？
生徒全員　はーい！
A先生　そう、みんなはどんな税金を払っているのかな？　答えられる人？
生徒全員　はーい！　はーい！
A先生　それでは、一番に手を挙げてくれた、Bさん
Bさん　消費税！
A先生　そう、Bさんは消費税を払っているのね！ほかの人も消費税？
生徒全員　はーい！
A先生　そうね、みんな消費税を払っていますね

私がこの本を書くきっかけとなった、実際に目にした先生と生徒のやり取りです。

A先生の「みんな消費税を払っていますね」の言葉に

あぜんとしたことを、今も鮮明に覚えています。それと同時に、小学校の先生でも、消費税のことを正しくわかっていないのかと、悲しくなりました。わが国の国民は、あまりにも税金のことを知らな過ぎると……。

読者のみなさんは、この会話のどこが間違っているのか、気がつかれましたか？

自分はコンビニで、100円の物を買って110円支払っている、だから10円の消費税を自分が払っている、そう考えているあなた。

あなたは本当に消費税を払っていますか？

A先生も、税金を納めるという正しい意味を知っておられなかったようです。税理士が小学生などを対象に行う税金の授業でも、残念ながら、同じような説明をしているケースがあるのですから、小学校の先生が分かっていなくても仕方がないのかもしれません。

100円のものを買って110円支払った、その10円。

それは、消費税ではありません。

「コンビニのレシートに、消費税と書いてあるじゃないか」と、お叱りの言葉をいただきそうですが、それでもはっきりいいます。みなさんは消費税を払ったつもりでいるだけです。

レシートに書かれた消費税の正体

「税金を払う」という言葉には、

- 法律で定められた税金を納める
- 経済的に税金を負担する

という二つの意味があります。

所得税や法人税など多くの税金の場合、税金を納める義務のある人と、経済的に税金を負担する人は同じです。

これに対し、消費税は、税金を納める義務のある人と、経済的に税金を負担する人とが異なります。つまり、あなたは消費税を経済的には負担していますが、消費税を税務署に申告して納める義務はないのです。

コンビニのレシートに書かれた「消費税」とは、法律上、国に納める税金ではなく、あなたが経済的に負担した金額、簡単にいえば「購入した商品代金の一部」に過ぎません。

次の例をみてください。

〈例①〉

Xさんは、Z洋品店で、11,000円の洋服を購入しました。そして、レジで商品代金と1,100円の消費税を合わせて、12,100円を支払いました。

Xさんのイメージは、およそこんな感じでしょう。

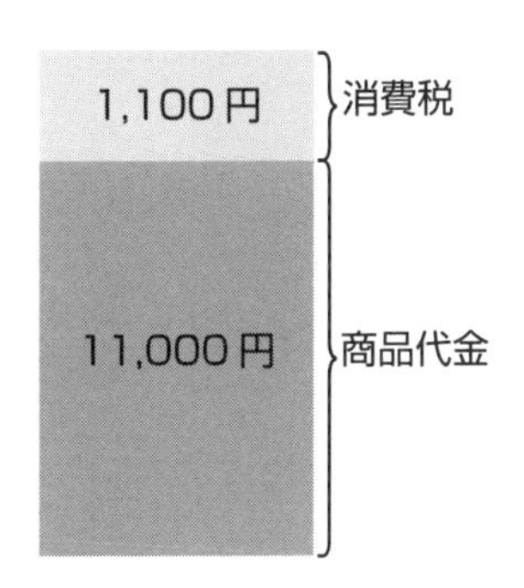

11,000円の商品代金とは別に、1,100円の消費税を支払っているというものです。

それでは、次の事例はどうなるのでしょう。

〈例②〉

Z洋品店は、「消費税10%還元セール」を開催中です。Xさんは、先日購入した洋服の色違いを買いました。ただ、今回は、消費税10%還元セールのため、1,100円は支払っていません。

この場合のイメージは、きっと次のようになります。

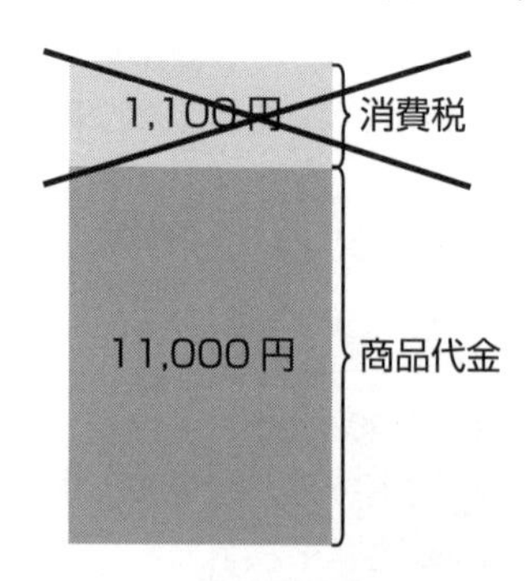

〈例①〉と比べると、Xさんは商品代金を支払っただけで、1,100円の消費税は負担していないことになりますが、そうすると、国に税金は納めなくてよいのでしょうか？

そういえば、かつて「当店は消費税をいただきません」と大々的に看板に書いてある食堂がありましたが、この食堂で食事をすれば消費税が国には納められないのでしょうか。

いえいえ、けっしてそんなことはありません。法律で定められた消費税は、Z洋品店や食堂が正しく納付しています。

ということは、このイメージ、すなわち、あなたが消費税を商品代金にプラスして納めているという考え方が間違っているということになります。

正しい消費税のイメージはこうです。

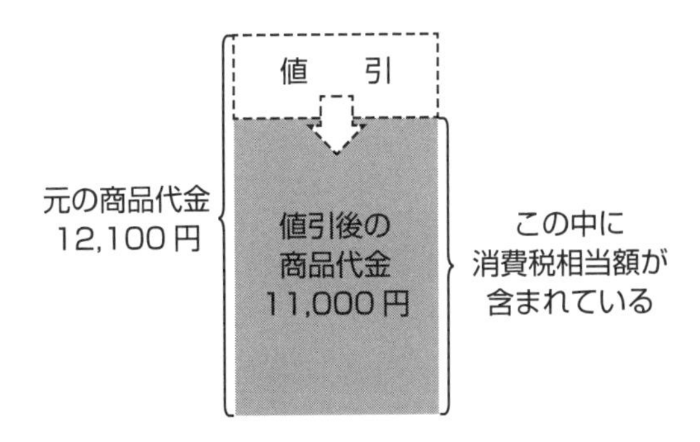

あなたが、消費税還元セールで得をした1,100円は、税金を払わなかったのではなく、単に商品代金が値引きされただけのこと。消費税は、商品代金に必ず含まれているとされ、消費税還元セールや、消費税をいただきませんといった場合であっても、実際には、商品代金の中に消費税相当額が含まれているのです。

その金額は、「商品代金÷110%×10%」の算式で計算されます。**〈例①〉**では、

(11,000円+1,100円)÷110%×10%=1,100円

が、**〈例②〉**では、

11,000円÷110%×10%=1,000円

が、それぞれ商品代金に含まれる消費税相当額ということになります。そして、この算式により計算された税額を、事業者が国に納付するのです。〈**例②**〉のように、Xさんには消費税を支払った意識はなくても、Z洋品店は受け取った商品代金の中から消費税を計算して税務署に納付します。

極端な例では、レジスターが故障していて消費税相当額をもらい忘れても、Z洋品店は消費税を国に納付しなければなりません。

このように、一部の取引を除くほぼすべての取引には消費税が含まれており、あなたではなく事業者が、受け取った商品代金から消費税額を計算し、国に納めているのです。

法律上税金を払うということ

税金には、租税法律主義という大原則があります。国は、法律なしに税金をかけてはいけないというルールです。正しい意味の「税金」は、法律の規定にしたがって、納税義務のある人が納めるものを指します。

消費税も税金です。消費税法は、税金を納める義務のある人（これを「納税義務者」といいます）を定めています。

> （納税義務者）
> 第５条　事業者は、国内において行った課税資産の譲渡等…(略)…につき、この法律により、消費税を納める義務がある。

消費税の納税義務者は「事業者」と決められています。一方消費税法には、国民あるいは消費者といった文言はどこにもありません。つまりあなたは法律上「消費税」を納める義務はないのです。

さらに消費税法は、

> ❶　**一定期間の税額を計算し**
> ❷　**定めれた期日までに申告書を提出し**
> ❸　**定められた期日までに納付する**

ということを事業者に義務付けています。

確かに、あなたはコンビニのレシートに「消費税」と書かれた金額を払いました。しかし、あなたは、

❶　一定期間の消費税額を計算したことも
❷　定められた期日に申告書を提出したことも
❸　税務署に消費税を納めたことも

ないはずです。このことは、あなたが消費税を納めていないことを意味します。

A先生の「みんな消費税を払っていますね」という発言は、税金はみんなで負担するものだということを、子どもたちに意識付けるという観点からは正しいのかもしれませんが、納税の義務は法律によって定められるという重要な視点が欠けており、やはり間違っているのです。

消費税納税義務者のまとめ

法律上の納税は義務ですが、経済的な負担は義務ではありません。

消費税の納税義務者、つまり事業者は、法律に基づいて計算された税金を過不足なく納付しなければなりません。もちろん、税務署が1円たりとも税金を値引きしてくれることなどあり得ませんし、計算を間違えた場合や納税をしなかった場合には、

- 税務調査を受ける
- 納める税金の他にペナルティが課される
- 国に財産を差し押さえられる

といった、強制的な方法が取られることもあります。こ

のように、法律の義務は、個人の権利や自由を制限することもあるのです。

これに対して、経済的に税金を負担する人は、商品を買うかどうか、自分の意思で決めることができます。その商品を買うことをやめれば、その代金を国から強制的に取られることもありません。また、お店の人に「消費税分を値引きして」と交渉し、実際に値引きしてもらうこともできます。このように、経済的な負担は法律で強制された金額ではなく、あくまでお店とあなたが妥協した結果なのです。

残念ながら、この違いに多くの大人が気付いていない、それがこの国の現状です。誤解を恐れずにいえば、この国の税金の制度は、個人にどこまでの義務を課すことが許されるのかという法律的な視点ではなく、資金をどれだけ集めるかという経済的な視点ばかりが重視され、そのように説明されてきました。税金の話になれば、経済学者や評論家がその集め方を説明するばかりです。それが、教育現場に影響を及ぼしているのかもしれません。

しかし、税金を課すことは、同時に個人の権利や自由に制限を加える行為であることを忘れてはなりません。これからの教育現場では、子どもたちに法律で納税を義務付けることの意味を正しく教えるべきです。そして、そのことを正しく理解した子どもたちが、これからの税金のあり方を議論すべきなのです。

事業者は悪者？

税金を納めるために費用を支払う？

これまで自分が払っていると考えていた消費税。それはみなさんの勘違いで、みなさんが払ったお金は、購入した商品の値段の一部であることを説明しました。しかも、それを国に納める義務は事業者にあることも、なんとなくおわかりいただけたのではないでしょうか。

とはいえ、経済的に負担しているのは自分だから結果は同じ、とお考えのそこのあなた。あなたは税金を納めるために、どれだけの時間と手間が必要か、知っていますか？　なにより、あなたはこれまで税金を納めるために、自分の貴重な時間やお金を使ったことがありますか？

ここからは、事業者が消費税を納めるまでの奮闘をみていきましょう。

消費税の仕組み

みなさんが負担した消費税、いったいどのように国に納付されるのでしょう。本屋さんを例に、取引から税金の流れをみていきましょう。

① Aさんは、本屋さんで専門書を22,000円（内消費税2,000円）で購入しました。
② 本屋さんは、その本を出版社から11,000円（内消費税1,000円）で仕入れています。
③ 出版社は、その本の原稿料を作家Cに5,500円（内消費税500円）支払っています。

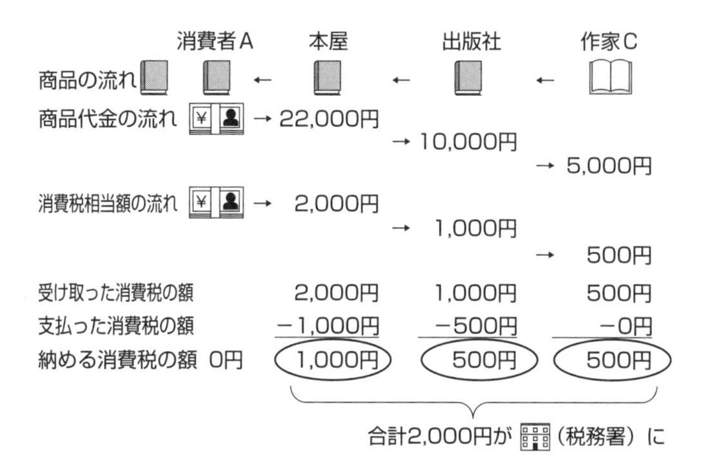

Aさんが専門書代金の一部として支払った2,000円は、このように、いくつもの事業者の手を経て国に納付されることとなります。最初に2,000円を受け取った本屋さんだけが、税務署に税金を納めるシステムにはなっていないのです。

消費税は、

売上に係る消費税　－　仕入に係る消費税
＝　納める消費税

を、通常事業者が１年分まとめて計算します。その結果、計算された金額を、まとめて国に納めています。

事業者の負担

本屋さんを例にしましたが、お店に来るお客さんは、Ａさんだけではありません。

また、本を仕入れる出版社もたくさんあります。さらに、ここに記載した「仕入に係る消費税」というのは、出版社からの仕入だけではありません。お店の電話代や電気代、配達する車の購入費やガソリン代などなど、事業に関わる取引のすべてにつき、正確に記録していかなければならないのです。

消費税に関わる取引は、小規模な事業者でも年間で数千件、ときに数万件となることも少なくありません。その一つひとつの取引を正確に処理しなければならない手間と費用を、みなさんは考えたことがありますか？　そもそも、その手間と費用は、誰が負担しているのでしょうか？

その手間賃は、誰からも支払われません。すべて事業者の負担となっています。みなさんは、自分が消費税を払っているとお考えですが、本来はみなさんが税金を計算し納める手間を、この国では、すべて事業者が肩代わりしてくれているのです。

もう一つ重要なことは、消費税を計算し、まとめて納付しても、事業者にはなんの利益もないということです。本屋さんを例にみてみましょう。

消費税がなかった頃の本屋さん

を 10,000 円で仕入れて 20,000 円で売る
20,000 円 － 10,000 円 ＝ 10,000 円の利益

消費税導入後の本屋さん

を 11,000 円で仕入れて 22,000 円で売る
22,000 円 － 11,000 円 ＝ 11,000 円
税務署に消費税 1,000 円を納める
11,000 円 － 1,000 円 ＝ 10,000 円の利益

いかがでしょうか。本屋さんは消費税があろうがなかろうが、利益はなにも変わりません。変わらないどころか、消費税の導入により、帳簿をつける手間や、レジの買替え、会計ソフトの導入、取引数が多いところであれば、税理士への顧問料などが、新たな負担となっていて、実際には利益が減少することになっているのです。

さらに大きな問題が

消費税の計算は、売上に係る消費税から仕入に係る消費税を控除して計算すると解説しました。ただ、この仕入に係る消費税を控除するためには、

- 請求書および領収書を保存
- その取引を帳簿に記載

することが義務付けられています。この二つの要件のいずれかが欠けた場合、仕入に係る消費税の控除は認められません。

本屋さんが出版社の請求書・領収書を保存していなかったとすると、どうなるか……。

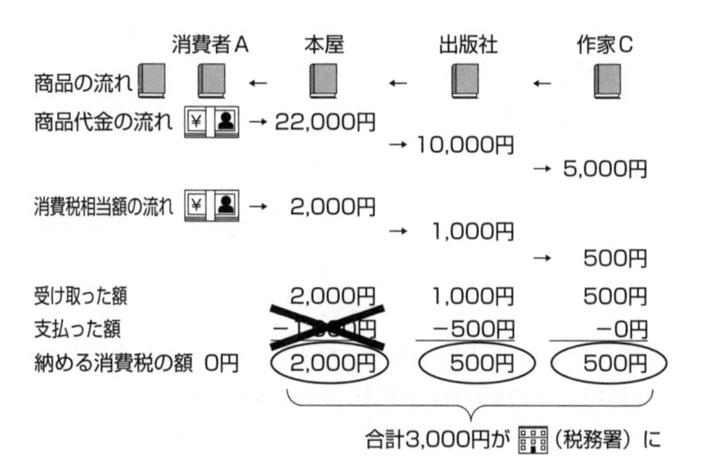

本屋さんは、請求書を保存していなかったばかりに、税務署に2,000円の消費税を納めることとなります。そうすると、本屋さんは、

を11,000円で仕入れて22,000円で売る
22,000円 − 11,000円 ＝ 11,000円
税務署に消費税2,000円を納める
11,000円 − 2,000円 ＝ 9,000円の利益

となり、1,000円も利益が減ってしまいます。

もう一つ注目してください。本屋さんが請求書等を保存していなくても、出版社や作家Cが納める税額は変わりません。そうすると、国には3,000円の税金が入ることになりますね。消費者が実質的に負担した消費税相当額は2,000円なのに、1,000円も多くの税金が事業者から奪われる結果となるのです。

帳簿への記載についても、同様です。インボイス制度の項で詳しく書きますが、その記載事項は、次のように細かく規定されています。

帳簿への記載事項
① 取引の相手方の氏名または名称
② 取引年月日
③ 取引内容
④ 取引金額

一つの取引ごとに、これだけの手間をかけなければ、仕入に係る消費税の控除が認められない。実際に仕入の事実があるにもかかわらず、形式的な要件だけで判断され、納付しなければならなくなったこの1,000円……。ペナルティというには、余りに重すぎると思いませんか？

事業者の思い

もう一度おたずねします。あなたは、消費税を払うために、どれだけの負担をしていますか？

実は、サラリーマンが１年間の自分の負担すべき消費税額を計算することは、理論的には可能です。次のように考えれば、誰でも１年間の負担すべき消費税額を計算することができるのです。

算　式

{(１年間の収入＋貯金の取崩し＋借入金＋親等からもらった金額など）－（貯金した金額＋教育費・医療費など＋子等にあげた金額など)} ×消費税率＝１年間に負担する消費税額

1年間の収入 （給料・年金など）	・貯金した金額 ・いわゆる非課税取引 ・子どもへの贈与 ……など、手元から出た金額	
・取り崩した貯金の金額 ・借入金 ・親からの贈与 ……など、手元に入った金額	消費の総額	× 税率＝消費税額

とはいえ、こうした負担を国民のすべてに課すことは、土台無理な話。消費税の制度が成り立たないでしょう。そこで、国は消費者に代わって、事業者に目をつけたのです。

かつて、国税庁は「消費税は預り金的性格の税である」と説明していました。このような意識が刷りこまれたためか、今でもネット検索をすれば「事業者はわれわれの納めた消費税をネコババしている」といった悪意に満ちた書込みが存在するなど、「事業者＝悪者」というイメージがついてしまったようです。

しかし、繰返しになりますが、消費税を計算し納める作業の手間は、すべて事業者が負担しています。みなさんは、なに一つ負担していません。また、その作業は、形式的な要件が法律に定められていて、ついうっかりのミスであっても、仕入に係る消費税の控除が認められないという実質的なペナルティが課されます。

事業者の思いを代弁すれば、本来国民一人ひとりが自分で消費税を計算すればよいところ、それができないから、自分たちがそのような義務を負わされたのであって、できることなら引き受けたくないというのが本音でしょう。しかも国民から感謝されるならまだしも、悪者のように論じられるのは、極めて不愉快でしょう。

こうした事業者の負担があってこそ、消費税という制度は成り立っているのです。これ以上の負担が課されないことを願うと同時に、せめて事業者に対するみなさんの見方が変わってほしいものです。

消費税便乗値上げって？

益税って？

消費税には「益税」がある、といわれています。本来、消費税は、最終の消費者が負担した消費税額が、そのまま国に入ることがベストな仕組みではあります。ただ、先にみたとおり、消費税は多くの事業者の手を経由することから、特に小規模な事業者の事務負担に配慮して、原則とは異なる簡易な取扱いを認める簡易課税制度や、免税事業者制度が認められています。この制度を使うと、消費税が事業者の手元に残ることがあります。

この手元に残った消費税相当額を利益とみて、「益税」というのです。

益税をネット検索すると、驚くほどの数の結果がヒットします。そのごく一部を、要約して紹介します。

- 最終的に国へ納付されるべき消費税が、それを一旦預かった事業者の利益になってしまうこと
- 消費者から預かった税金を国庫に納入することなく、事業者の利益とすること
- 消費者が預けたはずの税金が税務署に納められず、事業者の取り分になってしまうこと

・顧客（消費者）が支払った消費税のうち、納税されずに合法的に、事業者の手元に利益として残る部分

大半のコメントが、消費者から預かった消費税を手元に残す、問題ある行為のようにとらえています。中には、税の専門家である税理士の書込みまでありますが、消費税を「預かった」と表現する時点で、消費税法をきちんと理解しているのか疑問に感じてしまいます。そのことは置くとしても、たいていのコメントが、事業者に厳しいものであることに変わりありません。

第一に、消費税の納税義務者は事業者です。消費者ではありません。事業者は消費者から受け取った商品などの対価から、法律に定められた消費税を計算して納めているだけ。けっして消費者から消費税を「預かる」ことはないし、ましてやネコババしているわけではありません。

第二に、確かに一部の小規模事業者の手元に、消費税相当額の一部が残ることはあります。しかし、その制度は国が考えたもの、法律どおりに税金を計算して納付する事業者がどう考えても責められるいわれはありません。また、消費税を計算するために、帳簿をつけ、請求書や領収書を発行するための手間は、すべて事業者の自己負担です。簡易課税制度等は、その負担を軽減するために考えられた制度であって、制度には根拠と必要性がちゃんとあるのです。

さらに、免税事業者についてです。免税事業者とは、原則として2年前の売上が1,000万円以下である小規模な事業者は、消費税を納める義務を免除されるという制度です。確かに、免税事業者は消費税を納付しません。

しかし、免税事業者であっても、仕入に係る消費税は負担しています。例を挙げます。

売上800万円の雑貨屋が、商品の仕入500万円、店舗家賃150万円を負担している場合

売上に係る消費税　800万円×10%＝80万円
仕入に係る消費税　(500万円＋150万円)×10%
＝65万円
益税といわれる額　80万円－65万円＝15万円

これはあくまで例ですが、売上に係る消費税がすべて手元に残るわけではなく、手元に残るのは15万円です。また、15万円が手元に残るのは、このような制度を作ったからであって、この15万円も納めるべきだというのであれば、法律を改正して対応すればよいだけの話です。少なくとも、免税事業者には何の責任もありません。

もっとも、そのために免税事業者に帳簿をつけさせる、請求書や領収書を発行させる、今であれば軽減税率にも対応させるといったコストを、どれだけ負担させることになるのでしょう。町の小さな個人商店等にそこまでの義務を課せば、かえって廃業する者が出てくるなど、わが国の経済にとって悪影響が出るような気がします。

もう一つ、これはフリーランスや、副業をしているサラリーマンにもかかわる問題です。みなさんは、もらった報酬やネット取引の代金に消費税が含まれていることを意識していますか？　そう、給与所得ではない売上は、すべて消費税の課税の対象なのです。そういう意味では、みなさんも益税の恩恵を受けてきたのですが、これからはその消費税を申告せよといわれたら、どうでしょう。

益税は存在するのか

それでは、益税はないのでしょうか？

私は、異なる観点から、益税はあると考えています。私の考える益税の定義は、次のようなものです。

消費税の名をかたり、物の値段を吊り上げて得た利益

そしてこれは、大企業においてより顕著であると考えています。そのわかりやすい例を示します。最初にお断りしておきますが、以下は、あくまで私の記憶と主観によるものです。

自動販売機で販売される缶コーラの値段

① 消費税が導入される以前、つまり昭和の終わり、自動販売機の缶コーラは概ね（おおむ）100円だった。

② 1989年（平成元年）、消費税３％がスタート。コーラのメーカーは、次のような理由をつけて自動販売機の缶コーラを110円に値上げした。

> 缶コーラにも３％の消費税がかかることとなった。
> しかし、
> **100円×３％ ＝ 3円**
> の消費税をいただくと、缶コーラの値段は
> **100円＋3円 ＝ 103円**
> となるが、自動販売機で１円硬貨を取り扱うことは難しい。
> そこで、自動販売機の値段を**110円**とする。

③ それからわずか８年、1997年（平成９年）には、税率が５％に引き上げられた。コーラのメーカーは、次のような理由をつけて自動販売機の缶コーラを120円に値上げした。

> 缶コーラの消費税も５％に引き上げられる。
> しかし、
> **110円×５％ ≒ 5円**
> の消費税をいただくと、缶コーラの値段は
> **110円＋5円 ＝ 115円**
> となるが、自動販売機で１円硬貨を取り扱うことは難しい。
> そこで、自動販売機の値段を**120円**とする。

④　それから17年後、2014年（平成26年）には税率が8％に引き上げられた。コーラのメーカーは、またまたこんな理由で自動販売機の缶コーラの値段を130円に値上げした。

缶コーラの消費税も8％に引き上げられる。しかし、 **120円×8％　≒　9円** の消費税をいただくと、缶コーラの値段は **120円＋9円　＝　129円** となるが、自動販売機で1円硬貨を取り扱うことは難しい。 そこで、自動販売機の値段を**130円**とする。

主要メーカーのコーラの値段の推移です。

1989年以前	**100円**
1989年から	**110円**
1997年から	**120円**
2014年から	**130円**

おおよそ、こんな感じで値上がりしてきましたよね。消費税だから仕方がないと、この値上げはあまり気にもされなかったのではないでしょうか。しかし、よく考えるとこの値上げ、おかしくはないですか？

消費税導入の際、②では、

100円（缶コーラの値段）　×　**3％**（税率）　＝　**3円**

の、この3円を扱うのが難しいという理由で、110円に値上げしたのですよね。消費者からも、１円硬貨の釣銭はあまり喜ばれませんし、それなりの理由にはなっています。

ただ、厳密にみれば、税金ではない７円が値上げされていませんか？

さらなる問題は、③と④です。それぞれ消費税をかける前の缶コーラの値段に着目してください。③は110円、④は120円をそれぞれ缶コーラの値段を基準にしています。

しかし、缶コーラの値段は、**100**円だったはず。それを基に計算すると……

③ 100円（缶コーラの値段） × 5%（税率） ＝ 5円

∴ 100円 ＋ 5円 ＝ 105円 ＜ 110円

しかし、これが**120円**に値上げされ、

④ 100円（缶コーラの値段） × 8%（税率） ＝ 8円

∴ 100円 ＋ 8円 ＝ 108円 ＜ 110円

これも**130円**に値上げされた。

消費税３％が導入された時の理由はなんとなくわかるとしても、それ以後の説明はまったく説得力がありません。缶コーラの値段を130円とした場合、それに含まれる消費税の額は、

130円 × 8／108 ＝ 9.6 ≒ 9円

となり、缶コーラの値段は、

130円 － 9円 ＝ 121円

となります。そうすると、消費税の名目でコーラ販売メーカーは、**1本あたり21円**の値上げをしてきたことになります。その値上げ率は、**なんと21%**です。

経済情勢によって、物の値段が上がることは致し方のないところです。値上げを原料や人件費が上がったことを理由にするのであればまだしも、自動販売機の缶コーラの場合は、消費税率の引き上げを理由にした便乗値上げです。そして、1本あたり21円もの利益を得たのです。

消費者からすると「消費税が上がったのだから仕方ない」と思いがちなところ、実は企業が消費税率の引き上げを利用して、利益を増やしていたのです。このようにしてもうけた利益、これこそ私の考える益税です。2019

年、税率は10%に引き上げられましたが、飲料品の消費税は8%に据え置かれました。もし10%に引き上げられていれば、缶コーラは150円になっていたかもしれません。

このような例は、他にもあります。

例えば鉄道です。一部ICカード利用の場合を除き、運賃は10円単位となっています。高速道路の通行料金も同様です。

中小事業者は、商品の値段を1円上げるのに、相当苦労しています。なぜなら、消費者が簡単に値上げを受け入れてくれないからです。消費者の反応は、1円の値上げであってもとても敏感です。したがって、いくら原料や運送費などが値上がりしたとても、そうやすやすと値段を上げることができないのです。

大手企業だからできる、消費税率のアップに便乗した値上げ。みなさんは、どう思いますか?

イートイン脱税って？

イートイン脱税？

店員　いらっしゃいませ〜！
客A　ハンバーガーセット、コーラで。
店員　店内でお召し上がりですか？　お持ち帰りですか？
客A　持ち帰りで。
店員　はい。ありがとうございます。気をつけてお持ち帰りください。
ところが、Aは店内でハンバーガーを食べ始めました。
店員はこれを見て見ぬふり。
そのやり取りを見ていた店内の客Bから……。
客B　消費税を脱税しているじゃないか。あと2％取れよ！
店員　……。

消費税に軽減税率が導入されてから、「イートイン脱税」という新しい造語が、ネットをにぎわすようになりました。「見たことがある！」「注意しないのか？」などいろいろなコメントがあるようですが、これは誰に責任があるのでしょう。

> ① 客Ａは最初から店内で食べるつもりで、２％の消費税を脱税した？
> ② 店員は客Ａが店内で食べ始めた時に、追加で２％の消費税を取らなければならない？
> ③ 客Ｂは客Ａに注意すべき？
> ④ 客Ａはもともと店員をだまして２％分をもうけたのだから詐欺ではないの？

答えは、すべて間違いです。誰にも責任はありません。強いていうなら、これはモラルの問題です。特に、店員やそのお店には、何の落ち度もないといえます。

① 客Ａは最初から店内で食べるつもりで、２％の消費税を脱税した？

消費税が預かり金でないことは、別項で解説しました。店は「消費税」という法律上の税金を預かったわけではなく、そのハンバーガーの代金として消費税相当額を受け取っただけのことです。それが10％であろうが８％であろうが、ハンバーガーの代金の一部なのです。したがって、客Ａが２％の消費税を脱税したというのは、最初から間違っていることになります。

② 店員は客Ａが店内で食べ始めた時に、追加で２％の消費税を取らなければならない？

客Ａが店内で食べ始めた場合、店員はこれを注意して２％分を追加で取らなければならないのか、という点です。

消費税の税率がいつ決まるのかというと、消費税法では「資産の譲渡等の時に納税義務が成立する」と規定されています。つまり、このケースでは、**ハンバーガーを引き渡した時に税率が決まる**ことになります。このケースの、一番のポイントはここです。

ハンバーガーを販売する時に、店員は客Ａの意思を確認しました。これに対し、客Ａは「持ち帰る」ことを明らかに示したのですから、その時点で８％の税率が決まったのです。この点につき、国税庁は次のように取り扱うとしています。

> 事業者が、飲食料品の提供等を行う時において、例えば、その飲食料品について店内設備等を利用して飲食するのか又は持ち帰るのかを適宜の方法で相手方に意思確認するなどにより判定することとなる。

イートインコーナーを設置するコンビニエンスストアなどの場合には、客に販売の都度その意思を確認する必要はなく、「イートインコーナーを利用する場合はお申し出ください」などと掲示して、申し出がなければ軽減税率を適用してもよいとしています。

③　客Ｂは客Ａに注意すべき？

そうすると、店員の対応はすべて正しいことになります。当然のことながら、店員には２％分を客Ａから強制的に奪い取るようなこともできません。ですから、このような事例において、店員が悪者にされるいわれは、何一つないのです。店員の対応に憤慨した客Ｂの正義感はわからなくもないですが、残念ながらそれは税金を正しく知らないことからくる、誤った正義感です。

この本の読者は、そのような怒りを店員にぶつけるようなことは止めましょう。

④　客Ａはもともと店員をだまして２％分をもうけたのだから詐欺ではないの？

店員に問題がないとすれば、Ａはどうでしょうか。

購入をした時には、持ち帰るつもりでハンバーガーを購入したものの、いろいろな事情で購入後に気が変わることは誰にもあるものです。例えば、急に雨が降ってきたとか偶然友だちに出会ったとかで、店内で食べることにしたということもあるでしょう。そのような場合に、客Ａを罰することができるのでしょうか。

最初の気持ちが変わったからといって、客を悪者扱いすることはできないですし、一度決めたのだから絶対に持ち帰らなければならないといった法律は存在しません。

「イートイン脱税は詐欺だ！」と、ネットではちらほら書かれています。多くの人が、「２％分をわざと支払わない＝詐欺」と考えるのです。ただ、私の経験からいえば、実際にこれを詐欺罪に問うことは難しいでしょう。詐欺罪は、

> ①　犯人が被害者をだますためにある行為をする
> ②　その行為に被害者がだまされる
> ③　被害者はその行為を信用して犯人に金品を渡す
> ④　①～③に原因と結果の関係がある

の４つの要件を満たした場合に成立します。

例を挙げましょう。

詐欺師	（電話で）おかあさん、大変なことをしてしまった。助けて……。
被害者	××かい？　一体どうしたの？
詐欺師	会社のお金を使いこんでしまった。 会社にお金を返さないと警察に捕まってしまう（涙）。――①
被害者	えーっ!?　どうしたら助けられるのよ？ ――②
詐欺師	お願いだから、今からいう口座にお金を振り込んで！

被害者はATMからお金を振り込んでしまった……。──③

詐欺師は息子をかたり警察に捕まるといった嘘をついて被害者をだまし、被害者はその嘘を信じてお金を振り込んだので、詐欺師はまんまとお金をだまし取った。これが定型的な詐欺の例です。

ところで、詐欺罪の立件においては、犯人が被害者をだます意思を持って嘘をついたことを立証しなければなりません。振り込め詐欺のような事件であれば、嘘であることが客観的にわかるのですが、ファストフード店でのやり取りの場合、最初から店員をだますつもりであったかどうかは客Aの気持ちの問題であり、これを明らかにすることは相当に困難です。

また、仮に客Aの気持ちを明らかにできたとしても、イートイン脱税で問われる被害額は、食料品の2％分です。ハンバーガーの代金が1,000円だとしても被害額は20円。このようなわずかな金額では、刑罰に問われる可能性は極めて低いでしょう。

イートイン脱税のまとめ

正義感のある人は釈然としないでしょうが、このように考えると、誰に責任があるわけでなく、結局「客のモラルの問題」として片づけるしかないのです。税理士の立場からは、少なくとも「店員が悪い」という誤った正義感が広まって、店員やお店に被害が及ぶことだけはないようにと願うばかりです。

ところで、このようなケースを含め、軽減税率の問題は、軽減税率導入前から数多く指摘されてきました。つまり、この制度を導入した国は、これらの問題にあえて目をつぶって制度を導入したことになります。そうだとすれば、イートイン脱税の責任は、すべて制度を設計した国にあるといっても過言ではないのです。

持続化給付金など

本項の原稿執筆中に、新型コロナウイルス感染症の緊急対策として導入された「持続化給付金」などの制度を悪用した人が、詐欺罪で逮捕されたというニュースが、あちらこちらから入ってきました。中には被害額が18億円といったニュースもあります。実際には事業をしていないにもかかわらず、小遣い稼ぎの感覚で虚偽の申請をする人がいたようで、中にはこれをビジネスにしている輩(やから)もいるようです。

こうした行為が詐欺罪に当たるかどうか、みていきましょう。

詐欺罪の構成要件は、

① 犯人が被害者をだますためにある行為をする
② その行為に被害者がだまされる
③ 被害者はその行為を信用して犯人に金品を渡す

④　①〜③に原因と結果の関係がある

でした。これを、この事案に当てはめます。

①　申請者は、実際には事業をしていないのに、事業をしていると嘘の申請書を作成し、これを国に提出する。
②　国は、その申請書を正しいものと錯覚して審査を通してしまう。
③　②により国は申請者に給付金を支給する。
④　①〜③には因果関係がある。

したがって、申請者が詐欺罪に問われることは、間違いありません。また、申請者が事業をしていないことを知りながら、あるいは要件を満たしていないにもかかわらず、虚偽の書類を提供するなど、申請をサポートした人も詐欺罪に問われます。もちろんそれは、税理士や行政書士などの資格者であってもです。むしろ、資格者は詐欺罪で有罪になれば、自動的に資格がはく奪されるほどの重大な行為ととらえるべきです。

こうした報道を受け､軽い気持ちで不正を働いた人が､あわてて返還の相談をしているというニュースもありますが、給付金を返したからといって罪が消えるものではありません。詐欺罪はすでに成立しています。

そもそも、コロナ禍で困っている人を、国民の納めた税金でサポートしようというのがこの制度の趣旨です。その趣旨を悪用するかのようなこうした不正には、国も断固とした措置を取ることでしょう。

新型コロナウイルス感染症は人の健康を害するだけではなく、人の醜い一面をさらけ出す恐ろしい病だったのではないかと、個人的には思っています。今、国民に求められているのは「モラル」ではないでしょうか。

軽減税率、ホントに賛成？

軽減税率に賛成ですか？

1989 年（平成元年）に導入された消費税、平成の時代には、税率が「３％→５％→８％」と引き上げられたものの、30 年間税率は単一（これを「単一税率」といいます）でした。ところが、令和の時代に入るや、消費税の税率は複数（これを「複数税率」といいます）になりました。

軽減税率制度は、社会保障と税の一体改革の下、令和元年 10 月からの消費税率引上げに伴い、いわゆる低所得者対策として、飲食料品と新聞を対象に標準税率（10%）とは異なる軽減税率（８％）を適用する制度です。

一般に消費税は、所得税とは異なり、低所得者の負担の割合が高くなる税金といわれています。所得税は、その人の所得（もうけ）の大きさに合わせて、税率が変わり（これを「累進税率」といいます）、所得の大きい人ほど負担が大きくなります。

所得税計算前の所得が、5,000 万円の人と 300 万円の人との税負担を比較してみましょう。

対　象	所得税額（円）	負担率（%）
所得 5,000 万円	17,704,000 円	35.4%
所得 300 万円	202,500 円	6.8%

税金は、その人の担税力（税を負担する力）に合わせて、公平に負担することが求められています。ただ、一口に公平といっても、公平の考え方はさまざまです。所得税は、所得の大きい人にはより多くの税負担を求めるという公平の考え方、いわゆる垂直的公平の立場を採っています。

一方、消費税は、所得の大小にかかわらず、同じものを購入した人が同じ税額を負担するという公平の考え方、いわゆる水平的公平の立場を採ります。ただ、ぜいたく品の購入はともかく、飲食費を含む生活必需品の消費額は、所得 5,000 万円の人も 300 万円の人も、そんなには変わらないものです。むしろ、所得 300 万円の人は、その大半を生活必需品の購入に充てなければ生活ができないといえます。両者がともに 200 万円の消費をした場合（消費税額は 20 万円になります）、所得に占める税負担の割合をみてみます。

対　象	消費税額（円）	負担率（%）
所得 5,000 万円	200,000 円	0.4%
所得 300 万円	200,000 円	6.7%

このように消費税は、いわゆる低所得者ほど税金の負担割合が高くなります。これを「消費税の逆進性」といいます。この逆進性を緩和する目的で、飲食料品等の税率を８％にする軽減税率が導入されたのです。

軽減税率制度の問題

低所得者対策として導入された軽減税率、導入から１年を迎えますが、みなさんは賛成ですか？　反対ですか？　生活が楽になっている実感はありますか？

軽減税率に対しては、導入以前から反対の声がありました。ことに、日本税理士会連合会は、その導入に強く反対してきました。なぜなら、軽減税率制度にはいくつかの大きな問題があるからです。

(1) 高所得者ほど受ける恩恵が大きいこと

軽減税率制度の目的は、低所得者対策です。しかし、その対象を低所得者に限定しなかったため、結果として高所得者であってもその恩恵を受けています。飲食費に関しては、高所得者ほど高額な食材を購入する傾向にあります。100グラム200円の牛肉と2,000円の牛肉を１キログラム購入した場合、軽減される税額は、前者が40円、後者が400円となります。食事の回数はほぼ同じですから、お金に余裕のある高所得者が１年間の食費で受ける恩恵は、比例的に大きくなります。これって、逆進性対策になっているといえますか？

(2) 財源が不足すること

確かに、低所得者の所得の大半は、生活必需品の消費に回ります。とはいえ、食料品が軽減税率になった場合、どれだけの恩恵を受けるのでしょうか。収入200万円の人が、軽減税率の対象となる飲食料品を年間60万円（月額5万円）購入した場合で考えてみます。

60万円 × 2% ＝ 12,000円

もちろん、12,000円は大きな金額です。ただ、飲食料品に年間240万円（月額20万円）を使える高所得者は、

240万円 × 2% ＝ 48,000円

の恩恵を受けることになります。

軽減税率による減収額は1兆円になると、政府は見解を公表しています。その1兆円がすべて低所得者の逆進性緩和策に使用されるのであればともかく、高所得者にも使用されるのです。

そもそも消費税率が10%に引き上げられたのは、社会保障費の安定財源を確保するためでした。その財源が、恒久的に1兆円不足するとなれば、遅からず10%の税率を引き上げて回収するしか方法はなく、結局その負担は、低所得者を含む消費者が負うことになるのです。

(3) 対象品目の判断が難しいこと

次の12点の、正しい税率がわかりますか？

①	オロナミンC	①´	リポビタンD
②	水道水	②´	ペットボトルの水
③	飼料用で販売のトウモロコシ	③´	屋台で販売される焼きトウモロコシ
④	学校給食の食事	④´	学生食堂での食事
⑤	有料老人ホームで提供される食事	⑤´	病院で提供される食事
⑥	日経新聞	⑥´	日経新聞電子版

それでは、正解です。

※軽減税率（８％対象品）……①・②´・③´・④・⑤の一部・⑥
※標準税率（10％対象品）……①´・②・③・④´・⑤の一部・⑤´の一部・⑥´

以下に、判断のポイントをまとめます。

	判断のポイント
①	①は清涼飲料水であるため食品、①´は医薬部外品で食品ではない。
②	②´は飲料用であるため食品、②は生活用水の占める割合が高いため食品に該当しない。
③	人の口に入る物が食品。家畜用飼料にはペットフードも含まれる。
④	軽減税率の対象となる学校給食の範囲に含まれるのは、義務教育諸学校の施設において生徒等のすべてに対して提供される食品に限られる。

⑤	⑤は、飲食料品の１食ごとの単価および１日の合計金額により、対象となるものとならないものに分かれる。⑤´は、病院食は原則消費税がかからないが、患者希望による特別なメニューは軽減税率の対象とならず、標準税率となる。
⑥	⑥を定期購読契約した場合は対象。⑥´は電気通信を利用して行われるサービスの提供であるため、対象外。

正確に判断できたでしょうか。

ここに紹介したものは、まぎらわしい取引の中のほんの一例です。こうした線引きを、事業者がどこまで正しく行うことができるのか、また、そのためにどれだけの時間と手間がかかるのか、考えてみてください。さらに、この線引きのために、国は法令や通達あるいはQ&Aなどを常に出し続けなければならない、税務相談も増えるなど、国側のコストも増大することになります。税を取られる側、取る側いずれにも、コストがかかる制度が、なぜ必要なのでしょう。

(4) なぜ新聞が軽減税率なのか

軽減税率の対象品目は「食品」だったはず。それが、みなさんの知らないうちに、いつの間にか新聞も対象品目にすっぽりと収まっていました。まさに「寝耳に水」でした。

「なぜ新聞に軽減税率が必要なのか？」という質問に、一般社団法人日本新聞協会はホームページ上で、ニュースや知識を得るための負担を減らすため。新聞界は購読料金に対して軽減税率を求めている。読者の負担を軽くすることは、活字文化の維持、普及にとって不可欠だと考えている。

と、回答しています。正直「はぁ？」といった感じです。

ヨーロッパ諸国で、新聞が軽減税率の対象となっていることもアピールしていますが、説得力に乏しいと思いませんか？　そんな理由が通じるのなら、雑誌や書籍も同じですし、テレビやラジオ、現在ではネットニュースなども知識を得るために欠かせないものといえそうです。

また、海外の消費税の税率は、わが国のような低いものではありませんし、導入している国がこの制度に満足しているかといえば、必ずしもそうでもありません。都合のよいデータを引っ張り出して、自分たちの都合に合わせて解釈し、正当性を主張する、マスコミの姿勢としていかがなものでしょう。

本当の理由は、そうでなくても新聞の購読者が減っている中、税率が10％に引き上げられると、ますます新聞離れが加速するという危機感を、新聞団体が持ったからです。そこで、政府に強い圧力をかけて、実現にこぎつけたというのが実態です。

新聞には、政党紙も含まれています。みなさんの耳に反対の声が届かなかったのは、マスコミがこのニュースを、そして軽減税率反対の声を意図的に流さなかったから。どんな制度にも、長所と短所があります。それをつまびらかにすることこそマスコミの使命だと思うのですが、身内をかばう姿勢は、彼らが批判する対象とそう大して変わらなかったということです。

軽減税率は、低所得者の負担を軽減することを目的とした制度です。けっして、特定の団体に恩恵を与える目的ではなかったはずです。しかし、新聞がその中に割って入ったことにより、今後もさまざまな理由をこじつけて、取り扱う商品を対象とするよう政府に働きかける団体が出てくることは目に見えています。そうすると、それが利権となり、業者との癒着が生まれ、政治が腐敗するといったお決まりのパターンになる。軽減税率制度はその利権を生み出そうとする制度であるともいえるのです。

いかがでしょうか。それでもあなたは、まだ軽減税率に賛成ですか？

軽減税率、あなたは判定できますか？

事業者の悲鳴

すでに、消費税による事業者の負担について説明しました。ただ、軽減税率制度は、事業者にもっと大きな負担を強いることになりました。

国税庁ホームページには「消費税の軽減税率制度に関するQ&A」がアップされています。現時点で、制度概要編23項目、個別事例編121項目がありますが、ここでその1項目を紹介します。

Aさんは、紅茶の専門店を経営しています。今回、紅茶とティーカップをセット商品にすることを考えています。Aさんは、これまでもセット商品を販売してきました。ただ、これまでは単一税率であったため、商品の消費税率を考える必要はありませんでした。この度、軽減税率制度ができたため、税率をどうすればよいのかわかりません。また、お客様のことを考えると、できれば8％の税率にしてあげたいと考えています。いろいろ調べて、ようやくこのQ&Aにたどり着いたのですが……。

（一体資産に含まれる食品に係る部分の割合として合理的な方法により計算した割合）

問68　当社では、紅茶とティーカップを仕入れてパッケージングしてセット商品として税抜価格1,000円で販売しようと考えています。これら商品のそれぞれの仕入価格は、以下のとおりです。このセット商品は、軽減税率の適用対象となる「一体資産」に該当しますか。

仕入価格（税込み）：紅茶450円、ティーカップ200円

【答】

食品と食品以外の資産が一体として販売されるもの（あらかじめ一の資産を形成し、又は構成しているものであって、その一の資産に係る価格のみが提示されているもの。）は、次のいずれの要件も満たす場合、その全体が軽減税率の適用対象となります（改正法附則34①一、改正令附則2）。

① 一体資産の譲渡の対価の額（税抜価額）が１万円以下であること

② 一体資産の価額のうちに当該一体資産に含まれる食品に係る部分の価額の占める割合として合理的な方法により計算した割合が３分の２以上であること

②の割合は、事業者の販売する商品や販売実態等に応じ、例えば、次の割合など、事業者が合理的に計算した

割合であればこれによって差し支えないとされています（軽減通達５）。

イ　その一体資産の譲渡に係る売価のうち、合理的に計算した食品の売価の占める割合

ロ　その一体資産の譲渡に係る原価のうち、合理的に計算した食品の原価の占める割合

ご質問の商品は、次のとおりロに示した計算方法によって計算し、その結果食品に係る部分の割合が３分の２以上であるものに該当します。

紅茶(食品)の原価　一体資産の譲渡の原価　一体資産の譲渡の原価のうち、食品の占める割合

450円／650円≒69.2%≧３分の２（66.666…%）

したがって、ご質問の商品は、食品と食品以外の資産をセット商品として1,000円という価格のみを提示して販売していることから、一体資産に該当し、その対価の額が１万円以下であり、かつ、食品に係る部分の価額の占める割合が３分の２以上のものとなりますので、その販売は、全体が軽減税率の適用対象となります。

これを読んだＡさんの心の声です。

「一体資産が１万円以内？」「食品に係る部分の価額の占める割合として合理的な方法により計算した割合が３分の２以上？」「なに？　合理的な方法って。こんな計算、毎回しなければならないの？」

この計算が面倒だと考えたＡさん、自分が販売したいものは紅茶だからという理由で、セット商品を８％の税額で売り出しました。

後日、T税務署の調査を受けました。

調査官　セット商品の税率はどのようにして決めましたか？

Aさん　紅茶は食品なので８％にしました。

調査官　合理的な割合であることは確認されていますか？

Aさん　いいえ、していません。そもそも、合理的な方法ってなんですか？

調査官　それでは、紅茶とティーカップの仕入価格を見せてください。（何やら計算し……）３分の２以上の割合になっていませんね。これでは軽減税率の対象にはなりません。「10％－８％＝２％」分の消費税を納めてもらいます。

Aさん　調べようとしたけれど、普段使わないような専門用語ばかりで、途中で理解できなくなったのです。Q&Aというのなら、もっとはっきりとわかりやすく書けないのですか！

Ａさんは激怒しています。なぜなら、調べようとしたけれど、説明がわかりづらいのであきらめたからです。また、お客様からは８％分の消費税相当額しか受け取っていないので、この２％分の消費税を自腹で払うことになるからです。

しかし、Ａさんの言い分は通用しませんでした。２％分に相当する消費税はお客様から受け取った代金の中に含まれているのですから、Ａさんは、消費税を納付しなければならないのです。

国税庁は税の専門家ですから、Q&Aに間違いのないように専門用語を並べますが、それがかえって内容をわかりにくくしており、この事例のように事業者が困るケースもあります。また、Q&Aはこれで完結ではなく、各地の現場で新たな課題が生じる度に、項目がどんどん増えていきます。事業者は事業を続ける以上、それにもずっと対応しなければならないのです。

消費者であるみなさんも、このQ&Aにぜひ一度目を通してください。軽減税率への対応がどれだけ複雑で、どれだけ事業者の負担になっているかを知ってください。わが国の事業者は、好んで消費税の納税義務者になったのではありませんが、それでも黙々とわが国の税制を支えているのです。少なくとも、そのことを理解してあげてください。

軽減税率まとめ

ここまで軽減税率について、主な問題点をみてきました。これだけの問題があるにもかかわらず、それでもなお低所得者対策をしなければならない緊急性があったのでしょう。ただ、本当に低所得者対策を考えるのであれば、このような問題の多い、しかも複雑な制度を導入しなくても、他に方策はありました。給付金制度です。

簡単な試算をします。1世帯当たりの毎月の食費（軽減税率対象食品）が10万円、年間120万円の支出の場合、消費税が10％に増税されたことで増加する負担額は、

120万円　×　2％　＝　24,000円

となります。この24,000円を各世帯に給付金として支給すれば、軽減税率と同様の効果が得られます。給付金制度には、

① **制度が簡単である**

というだけでなく、

② **所得基準を設けることによってピンポイントな低所得者対策が打てる**

③ **消費税率がさらに引き上げられても対応がしやすい**

といったメリットがあります。

いかがでしょう。こんな簡単な制度があるのに、国は、なぜ軽減税率の導入にこだわったのでしょうか。

そこには、役人のしたたかな狙いがあったのです。

財務省の悲願？

彼らがこだわったのは、わが国の消費税に「インボイス制度」を導入することでした。この制度は、わが国に消費税を導入するときからの財務省（旧大蔵省）の悲願であったともいわれています。

これまでも、何度かその導入を考えたようですが、ことごとく失敗に終わってきました。それが、軽減税率制度を導入するための条件として、2023年10月から導入されることとなったのです。

インボイス制度導入の理由について、「これまでのように税率が単一であれば、帳簿及び請求書等を保存することで対応は可能であるが、税率が複数になったことで、売り手と買い手の消費税を一致させる必要ができた」といった説明がされています。

しかし、単一税率ではインボイス制度を導入できなかったので、インボイス制度を導入するためにわざわざ複雑な軽減税率制度を入れたというのが本音のところでしょう。

このインボイス制度、これからますます事業者を苦しめることになりそうです。

事業者にさらなる負担？

財務省の悲願で、2023年（令和5年）10月からの導入が決定しているインボイス制度。実はフリーランスの人などにも、影響するおそれがあります。そこで、インボイス制度の仕組みと問題点について、みていきましょう。

インボイス制度の仕組み

インボイス制度というのは俗称で、わが国では「適格請求書等保存方式」という制度になります。インボイスとは、要件を満たした請求書等のことです（以下「インボイス」で説明します）。

インボイス制度は、インボイスの発行と保存を事業者に義務付けるもので、このインボイスの保存がなければ、仕入税額控除を認めないとする制度です。また、インボイスを発行する事業者は、国への登録が義務付けられますが、登録をすることができる事業者は、消費税の課税事業者に限られています。

つまり、消費税の納税を免除されている免税事業者（2年前の売上が1,000万円以下の小規模な事業者）はこの登録ができず、したがって、

免税事業者からの仕入については
仕入税額控除ができないようになる！

のです。

これを、先ほど確認した📕の取引の、出版社と作家を参考に説明します。

出版社は、原稿を作家から 5,500 円（内消費税 500 円）で購入し、本屋に 11,000 円（内消費税 1,000 円）で売りました。

	本屋	出版社	作家
商品代金の流れ		→ 10,000円	→ 5,000円
消費税相当額の流れ		→ 1,000円	→ 500円
受け取った消費税の額		1,000円	
支払った消費税の額		−500円	
納める消費税の額		500円 ➡ （税務署）	

これまで出版社は、売上として受取った 1,000 円の消費税相当額から、仕入として作家に支払った 500 円の消費税を差し引いて、500 円の消費税を税務署に納めることで、消費税の処理は完結していました。そして、その取引を裏付ける証拠として、帳簿と請求書・領収書等を保存してきました。

また、このとき作家が免税事業者であった場合でも、出版社は500円の消費税を納めるだけでよかったのです。

次に、インボイス制度導入後をみてみます。

作家が免税事業者であるために、出版社は500円の仕入税額控除ができません。

受け取った消費税の額
支払った消費税の額
納める消費税の額

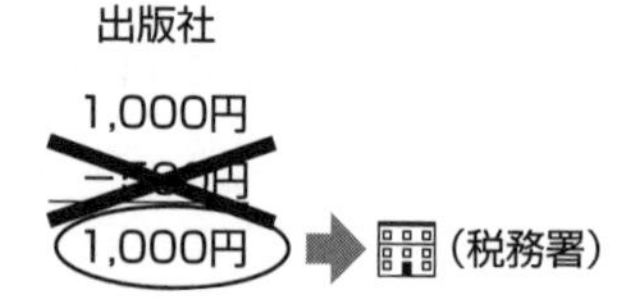

そのため、1,000円の消費税を税務署に納めることになります。出版社からすれば、控除できない500円を自分の財布から支払うことになります。

インボイス制度は、登録した事業者にインボイスを発行させることで、消費税の取引が明確になるとともに、法人や個人事業者の所得の補足に役立つといわれていますが、次に掲げるような問題があります。

インボイス制度の問題点

(1) 出版社の対策と免税事業者の負担

あなたが出版社のオーナーなら、この500円を黙って納めますか。きっとそうはしないでしょう。その場合の選択肢は、次の二つです。

> ❶　その作家とは取引をしない
> ❷　作家の原稿料を500円値引きさせる

ところで、作家も、事務用品や取材のための交通費など、仕入や経費に係る消費税相当額を支払っています。この500円が強制的に値引きされたからといって、仕入や経費に係る消費税相当額を支払わないわけにはいきません。ということは、その分を自腹で支払うことになります。

消費税相当額の値引きを強要された場合の、作家の損失を計算します。原稿料が800万円、仕入や経費が500万円（いずれも消費税の対象取引）と仮定します。

インボイス導入前	インボイス導入後
原稿料　800＋（800×10%）＝880万円	原稿料　800万円
仕入等　500＋（500×10%）＝550万円	仕入等　500＋（500×10%）＝550万円
利益　880－550＝330万円	利益　800－550＝250万円

いかがでしょう。利益の差額は、「330万円－250万円＝80万円」になります。売上が1,000万円以下の免税事業者にとって、この差は死活問題にもなりかねません。かといって、値引きを強要されれば受けざるを得ないでしょう。相手は大企業、断れば仕事がなくなるので、小規模事業者は、泣く泣く値引きに応じるしかなさそうです。

あるいは、消費税の課税事業者となって、消費税を納めるか、どちらかを選択せざるを得ないでしょう。その場合は、30万円の消費税を国に納めるとともに、インボイスを発行し、帳簿を記帳し、申告書を作成する手間代を、自分の財布から負担しなければなりません。

どちらを選択しても、免税事業者には相当な負担となりそうです。

(2) 影響を受ける事業者の数

ところで、いったいこの作家のような免税事業者は、どれくらいいるのでしょう。公表されたデータがないので、2018年国税庁資料から、推計してみました。

形態	消費税 申告件数	法人税 申告件数	所得税 申告件数	免税 事業者数
法人	187万件	275万件	－	88万件
個人事業所得	112万件	－	449万件	665万件
個人不動産所得			328万件	
合計	299万件	275万件	777万件	753万件

【筆者作成】

所得税申告件数には、フリーランスが多く含まれる雑所得の申告数を含めていないなど、このデータから正確な免税事業者の数はつかめませんが、それでも、少なくとも法人では80万社程度、個人では600万人程度の免税事業者がいると考えられます。

中でも、個人の免税事業者は、これまで消費税のことなどまったく考えずに仕事をしてきた人たちです。例えば、兼業農家、お茶、お花、音楽、習字などの先生、建設業の一人親方、テナントを賃貸するオーナーなどなど、これまで消費税とは無関係といってもよかった人にも、インボイス制度は消費税の選択を突き付けます。この選択は、内閣府のデータで341万人といわれるフリーランスや、ネット取引をしている人にも突き付けられるのです。

(3) その考え方は甘い？

「自分の取引相手は個人だから、関係ないや」と思っているフリーランスの人やネット取引を副業としている人、その考えは甘いです。

消費者は賢いです。同じものを購入するなら、1円でも安いものを選ぶ人が圧倒的です。賢い消費者なら、ネット取引の購入時に、あなたにインボイスの発行を要求するでしょう。そして、あなたがそれを発行できないとなれば、消費税分の値引きを強要してくるに違いありません。そのときあなたは、このようにいわれるでしょう。

「**消費税を納めていないのですから、受け取る権利はないですよね**」と。

今の時代、こうした情報は、あっという間に広がります。

原稿料で生計を立てている人、習い事の講師、一人親方も同様です。けっして他人事(ひとごと)ではありません。あなたもまた、泣く泣く値引きに応じるか、消費税の課税事業者となって消費税を納めるか、どちらかを選択せざるを得なくなるのです。

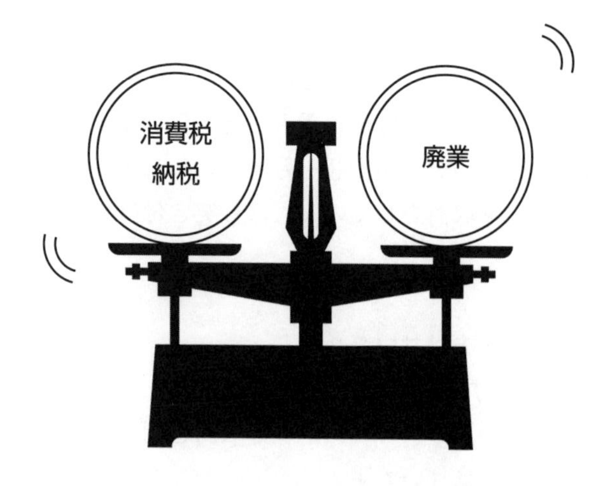

　あるいは、これを機会に廃業する人が増えるかもしれません。

赤字でも納税する？

役人は、「すべての免税事業者が事業者登録をすればよいだけのこと」と考えています。消費者から預かった消費税を国に納めるのは当然のことでしょう、と。一般の消費者も同じ意見でしょう。でも、そんなことが現実に可能でしょうか。

事業者のすべきこと

インボイス制度が導入された場合の、事業者のすべきことは、次の３点です

①　インボイスの発行
②　帳簿の作成、インボイスの保存
③　消費税の確定申告

具体的にどんなことをしなければならないのか、まず①からみていきましょう。

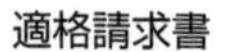

適格請求書

① 適格請求書発行事業者の氏名又は名称及び登録番号
② 取引年月日
③ 取引内容（軽減税率の対象品目である旨）
④ 税率ごとに区分して合計した対価の額（税抜き又は税込み）及び適用税率
⑤ 税率ごとに区分した消費税額等※
⑥ 書類の交付を受ける事業者の氏名又は名称

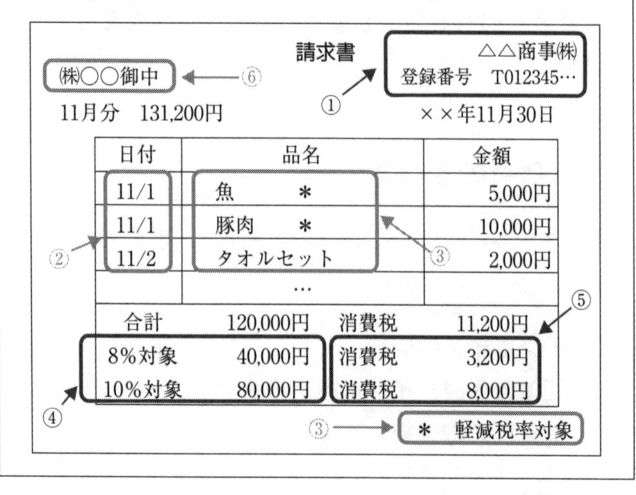

請求書

㈱○○御中 ←⑥

△△商事㈱
登録番号　T012345… ←①

11月分　131,200円

××年11月30日

日付	品名	金額
11/1	魚　＊	5,000円
11/1	豚肉　＊	10,000円
11/2	タオルセット	2,000円
	…	

合計	120,000円	消費税	11,200円
8%対象	40,000円	消費税	3,200円
10%対象	80,000円	消費税	8,000円

③→ ＊　軽減税率対象

【国税庁資料より抜粋】

事業者は、取引の都度、このようなインボイスを作成し、発行しなければなりません。

次に、②に関してです。

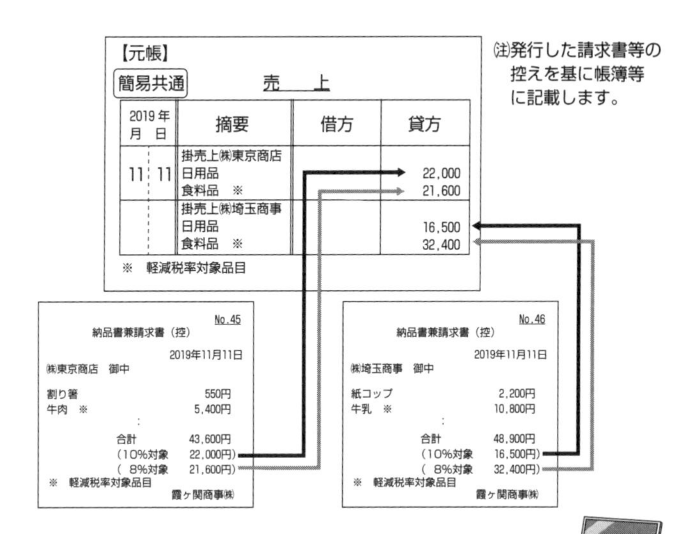

【元帳】

簡易共通　　売　上

2019年 月	日	摘要	借方	貸方
11	11	掛売上㈱東京商店		
		日用品		22,000
		食料品　※		21,600
		掛売上㈱埼玉商事		
		日用品		16,500
		食料品　※		32,400

※　軽減税率対象品目

No.45
納品書兼請求書（控）
2019年11月11日
㈱東京商店　御中

割り箸	550円
牛肉　※	5,400円
：	
合計	43,600円
（10%対象	22,000円）
（ 8%対象	21,600円）

※　軽減税率対象品目
霞ヶ関商事㈱

No.46
納品書兼請求書（控）
2019年11月11日
㈱埼玉商事　御中

紙コップ	2,200円
牛乳　※	10,800円
：	
合計	48,900円
（10%対象	16,500円）
（ 8%対象	32,400円）

※　軽減税率対象品目
霞ヶ関商事㈱

㊟発行した請求書等の控えを基に帳簿等に記載します。

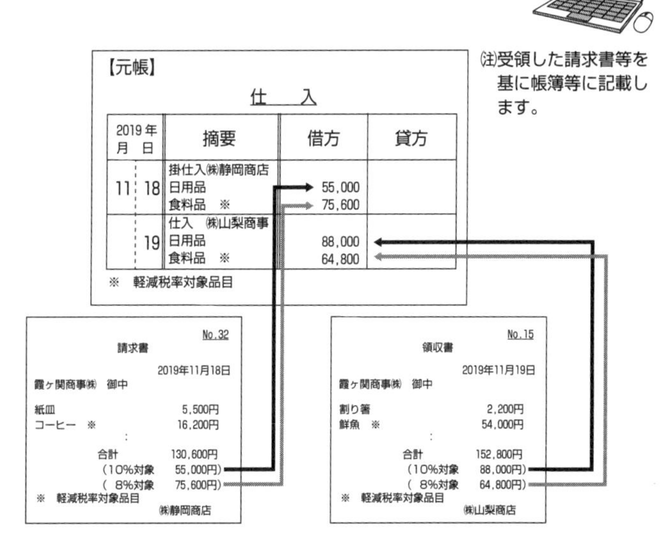

【元帳】

仕　入

2019年 月	日	摘要	借方	貸方
11	18	掛仕入㈱静岡商店		
		日用品	55,000	
		食料品　※	75,600	
	19	仕入　㈱山梨商事		
		日用品	88,000	
		食料品　※	64,800	

※　軽減税率対象品目

No.32
請求書
2019年11月18日
霞ヶ関商事㈱　御中

紙皿	5,500円
コーヒー　※	16,200円
：	
合計	130,600円
（10%対象	55,000円）
（ 8%対象	75,600円）

※　軽減税率対象品目
㈱静岡商店

No.15
領収書
2019年11月19日
霞ヶ関商事㈱　御中

割り箸	2,200円
鮮魚　※	54,000円
：	
合計	152,800円
（10%対象	88,000円）
（ 8%対象	64,800円）

※　軽減税率対象品目
㈱山梨商店

㊟受領した請求書等を基に帳簿等に記載します。

【国税庁資料より抜粋】

事業者は、このような帳簿もつけなければなりません。

最後に③です。残念ながら、国税庁説明資料は、数ページにわたるため、紙幅の都合で掲載できません。興味のある人は、国税庁ホームページで「消費税の軽減税率制度に対応した経理・申告ガイド」をみてください。申告書は、複数枚にわたりますが、正直、ちょっとやそっとの知識で、正しい申告書を作成することはできないように思います。

大企業であれば経理部があり、システム開発の資金も潤沢でしょうから、消費税の対応は簡単かもしれません。しかし、売上が1,000万円以下の事業者が、そのためにどれほどのコストをかけられるでしょう。もし、申告書が書けなければ、税理士に依頼することになりますが、税理士もボランティアではないので、当然事務処理にかかった費用を請求することになります。そのコストを、フリーランスの人が負担できるでしょうか？

大量廃業時代の到来？

今回、新型コロナウイルス感染症の支援を受けるため、多くのフリーランスが、給与所得者ではなく、事業所得者や雑所得者であるとして申請されましたが、こうした人の取引も、今後は消費税の対象になるわけです。

先の例では、作家が納める消費税は1年間で30万円となりましたが、この30万円を支払うためにどれだけのコストを負担することになるのでしょう。
もう一つ懸念材料があります。それは、

消費税は事業が赤字でも納税しなればならない！

ことです。
作家としての事業が赤字であれば、所得税を納める必要はありませんが、この30万円の消費税は、否応なしに納めなければなりません。小規模な事業者の経営基盤はとても弱いもの。はたして30万円の負担に、毎年耐えられるでしょうか。

さらに、農家の問題は深刻です。2019年のデータでは、お米、野菜などを栽培、販売している農家（販売農家）の数は113万戸となっています。そのうち、売上高が1,000万円以上の販売農家は15％程度にしか過ぎないといいます。つまり、ほとんどの農家は、免税事業者なのです。販売農家のうち73万戸は、サラリーマン等をしながら、農業も営んでいる兼業農家ですが、インボイスの問題は、こうした兼業農家にも影響してきそうです。
高齢化が進み、後継者問題などもあって農業をやめる人が後を絶たない状況の中（ちなみに、2000年には販売農家が233万戸ありました。20年で半数以下になったことになりますね）、新たに消費税の計算が負担になるのであれば、自分たちの食べる分だけを栽培し、販売はやめてしまおうと考える人が必ず出てくるでしょう。

食料自給率が著しく低いこの国で、消費税が原因で農業をやめる人が続出してもよいのでしょうか。

同じことは、伝統的な技術や、文化などを細々と伝承している人にも当てはまります。こうした技術にも高齢化の波は押し寄せています。複雑な消費税の制度に対応できず、やむなく廃業する人もきっとでてくるでしょう。はたして、それでよいのでしょうか。

国の方針の矛盾

国は、働き方改革を声高に提唱しています。厚生労働省の働き方改革特設サイト※には、「**「働き方改革」は、働く方々が、個々の事情に応じた多様で柔軟な働き方を、自分で「選択」できるようにするための改革です。**」と書かれています。そして、フリーランスなどの働き方を積極的に推奨しています。

その一方で、免税事業者が取引から排除されかねないインボイス制度を導入するとしています。これまで、税金のことは全部会社にお任せ、自分で申告などしたことのない人に、所得税だけでなく、消費税の申告までさせようというのでしょうか。税理士の目線からは、どう考えても申告ができるとは思えませんし、そもそも国の方針に整合性があるとは思えません。

※　厚生労働省「働き方改革特設サイト」
https://www.mhlw.go.jp/hatarakikata/

ちなみに、2011年財務省データには、個人の免税事業者の売上高の規模は全体の売上高の１％にしか過ぎないとあります。国は、インボイス制度の導入で、消費税の透明性が上がる夢のような制度とみていますが、そのインボイスも偽物が出回って、大きな問題になっていることが、諸外国の例をみればよくわかります。

また、執行する国の方も大変です。消費税の申告件数が、現在の３倍になることが予想され、しかも増えた件数の大半は、消費税の申告を初めてする人たちなのですから、３月の税務署は、今まで以上の戦場になるでしょう。人員も増員する必要があるでしょうし、申告会場や相談会場も増やさなければなりません。

おそらく、納められた消費税は、その納税者の対応にかかるコストで消えてしまいます。また、間違った申告が大量に提出されても、申告件数が増えすぎると税務調査にも行けません。

さらに、とても複雑で面倒な消費税の申告や納税を嫌って、廃業する事業者が続出すれば、その経済的損失は計り知れません。そのための対策に、もっと多額の予算が必要になるでしょう。

どう考えても、インボイス制度は国民のためにはならないような気がするのですが。

所得税編

① フリーランスの不満？（所得区分）
② 個人事業者は得してる？（事業所得）
③ 領収書があればなんでも経費？（必要経費）
④ じゃあサラリーマンこそ得してるの？（給与所得）
⑤ サラリーマンはどうやって税金を納めてる？
（源泉徴収制度）
⑥ サラリーマンあるある
――医療費控除編（医療費控除）
⑦ サラリーマンあるある
――退職編（退職時の源泉徴収票）
⑧ お金をもらってないのに？（譲渡所得Ⅰ）
⑨ 税金がかかる？　かからない？（譲渡所得Ⅱ）
⑩ 仮想通貨の取引は？（譲渡所得Ⅲ）
⑪ フリーランスの不満への回答？（一時所得・雑所得）
⑫ 馬券のもうけって？（競馬の所得と通達）

フリーランスの不満？

フリーランス持続化給付金制度

新型コロナウイルス感染症の猛威は、世界中の多くの人々の命を奪っただけでなく、経済にも甚大な被害を及ぼしています。わが国においても、企業の倒産、事業の廃業、飲食店やスポーツジムの休業など、多くの国民の収入が激減している状況です。

これを受けて政府は、持続化給付金をはじめとする諸施策を実施し、2020年6月からは、いよいよフリーランスの人を対象とした、持続化給付金がスタートしました。

ところで、この「フリーランス」という言葉、最近よく耳にしますが、どうやらその定義については明確なものがないようです。政府においても同様で、関係省庁によって、以下のように微妙にその考え方が異なります。

省　庁	考え方（要約）
内 閣 府	特定の組織等に属さず、独立してさまざまなプロジェクトに関わり自らの専門性等のサービスを提供する者。雇用的自営業主を含む。
経済産業省	就業形態が自営業主もしくは内職で、実店舗を持たず、勤務先の業種が農林水産業ではない者。
厚生労働省	発注者から仕事の委託を受け、主として個人で役務を提供し、その対価として報酬を得る者。

そんな中、2019年7月には、内閣府がフリーランスとして働く人の推計数を306万人から341万人程度と公表しています。全就業者数に占める割合は5％にもなるそうです。

さて、2020年6月から給付金の支給がスタートした拡大版とでもいう持続化給付金制度は、主にフリーランスを対象とするものですが、いったいどういった経緯で作られたのでしょう。

実は、5月にスタートした持続化給付金の対象者は、事業収入のある人、いわゆる事業所得者に限られていました。経済産業省の説明では「フリーランスを含む個人事業者」とされており、フリーランスであっても事業所得として申告をしていた人は、その対象となっていたのですが、次のような批判が殺到し、現場が混乱したようです。

自分は、複数の教室と委託契約をしているが、報酬が教室によって、給与であったり報酬であったりするため、税務署に相談したところ、給与以外は雑所得といわれた。そのとおりに確定申告をしてきたことによって、持続化給付金を受けられないのはおかしい。

政府の想像以上に、事業所得として確定申告をしていないフリーランスが多かったのでしょう。慌てて、対象者の拡大を図ったのです。

2019年以前から、雇用契約によらない業務委託契約等に基づく事業活動からの収入で、税務上、雑所得又は給与所得の収入として扱われるものを主たる収入として得ており、今後も事業を継続する意思があること。

これで、多くのフリーランスの人が救われるのであればよいのですが……。

ただ、今回の件は、定義が明確にされていない用語を、国等が簡単に使用することの問題が浮き彫りにされた結果ともいえそうです。テレビドラマ等の影響もあって、フリーランスという言葉が流行しましたが、イメージが先行し、共通する具体的な定義はありませんでした。そのうえ、その言葉が一般的になったからと、定義を明確にしないまま安易に政府が利用し始めたことで、わずかな副業をする人であっても、自分はフリーランスだと考えるようになったものと思われます。

最近の国などの文書では、フリーランスと同じように多くの横文字が使われています。ただ、それが正しい用語であるのか、定義づけをされているのかなど、不安を覚えることがあります。国民が、どのような言葉を使用するかは自由です。しかし、国等は今回の混乱を教訓に、用語や文言をまず定義してから使用するようにすべきです。特に横文字への変換には慎重を期すべきでしょう。

所得区分とは

ところで、ネット上の「税務署に相談したところ、給与は給与所得、それ以外は雑所得といわれた」「税理士が勝手に雑所得にした」といった書込みは真実なのでしょうか。中には「税務署が忙しくならないようにするため」といった批判的な書込みまであります。はたして、これらの批判は真実でしょうか？　少なくとも、国税庁のホームページには、フリーランスだから、その所得が雑所得になると説明している箇所はありません。

そもそも、事業所得や給与所得、雑所得などの「所得」とは何なのか、そこから説明していきましょう。

(1) 所得を区分する理由

最初に、みなさんに質問です。

甲さん、乙さん、丙さんがいます。それぞれが次の方法によって、この１年で300万円を手にしました。

・甲　サラリーマンとして働いた給料
・乙　親から相続した株の配当金
・丙　営業する個人商店でのもうけ

ここで所得税を課税するとき、あなたはⒶⒷいずれの考え方を支持しますか？

Ⓐ　３人とも同額の税金をかける
Ⓑ　３人には異なる税金をかける

Ⓐは、もうけた金額の大きさが同じであれば、同じ税金を取るのが公平だとする考え方です。これに対しⒷは、もうけた方法がそれぞれ違うので、その方法に合った税金を取るのが公平だとする考え方です。

税金の世界に正解はありません。時代ごとに、国民がどちらがよいかを、民主的な手続きで判断することになります。

現在の所得税は、Ⓑの考え方を採用しています。それは、それぞれの所得に次のような特徴があるからです。

①　甲の所得は、身体を使って得たもの
②　乙の所得は、財産を運用して得たもの
③　丙の所得は、①と②を合わせたもの

それぞれの性質や特徴に合わせて、

①	＝	労働により得られた所得（勤労性所得）
②	＝	不動産や株券といった資産の運用によって得られた所得（資産性所得）
③	＝	①と②が混在して得られた所得（資産勤労合体所得）

に分類します。

所得税は、個人の担税力（税金を負担する力）に合わせて課税をする点に特色があります。もうけた金額が同じであっても、そのもうけ方によって担税力が異なるという立場を採ります。そのもうけ方には①～③のパターンがあり、それぞれの負担は、

② ＞ ③ ＞ ①

の順に小さくなると考えれています。

質問の300万円を得るために、①は汗を流して働き、一方②は汗を流して働かなくてもよい、そう考えると、②より①の税金を軽くすることに異論はないでしょうし、所得区分の必要性もご理解いただけるでしょう（もっとも、最近の所得税は、いろいろな租税特別措置の影響で、②や③の負担が軽くなっている感が否めませんが……）。

(2) 10種類の所得

所得税法では、①〜③の分類をさらに細かく10種類に分類します。細分化することによって、さらに負担の違いを細かく調整することができるからです。

No.	所得区分	分類	内　容
1	利子所得	②	預貯金や国債などの利子による所得
2	配当所得	②	株の配当による所得
3	不動産所得	②	土地・建物、借地権などの貸付による所得 この所得には、船舶・飛行機の貸付による所得も含まれる
4	事業所得	③	個人事業による所得
5	給与所得	①	給料、賃金、賞与などによる所得
6	退職所得	①	退職手当や一時恩給など、退職によって一時的に受ける給与などによる所得
7	山林所得	②	山の木を伐採して売ったことによる所得
8	譲渡所得	②	土地・建物などの不動産、株券、自動車、絵画などの資産を売ったことによる所得
9	一時所得	—	1〜8に当たらない所得で、一時的、偶発的に発生した一時的な所得
10	雑所得	—	1〜9に当たらないものすべて

1～10のいずれに区分されるかは、どういった手段で所得を得たかによって決まります。また、所得は1人1種類とは限りません。中には、次のように複数の所得のある人もいます。

この1年でAさんは次のような利益を得ました。		
・会社からもらった給料	→	給与所得
・株の配当	→	配当所得
・自宅の売却	→	譲渡所得
・競馬の的中馬券	→	一時所得
・趣味で投稿した原稿の執筆料	→	雑所得

そして、この区分は、納税者が自分で決めるのが原則です。

まとめ～フリーランスの所得

所得区分は、それを得るための手段・方法に着目するため、職業を聞いただけでは、どの所得に該当するか単純には決められません。そもそも所得区分は、所得税法にもとづいて決められるもの、また、その法律解釈をめぐっては、たくさんの裁判例があるほど難しいものです。

税務署の職員や税理士は、これらを参考に判断しているのであって、根拠もなく独断で所得区分を決めるということは、まずあり得ません。

また、フリーランスの所得と一口にいっても、利益を得る方法はさまざま。事業に該当するものもあれば、給与に該当するものもあります。

そのいずれにも該当しない場合で、しかも一時的、偶発的ではないものは、雑所得に分類されます。仮に、相談された税務署の職員や税理士が雑所得と判断したのであれば、それは納税者が持参された資料等を参考に、法律をもとに判断しているはずです。疑問を感じた人は、その思考過程がわからなかったのではないでしょうか。

いずれにせよ、どの所得に区分されるのか、それによって税額が異なるのですから、納税者にとっては大変な問題です。そこで、次項から、事業所得、給与所得、譲渡所得、一時所得および雑所得のそれぞれをみていきます。

個人事業者は得してる？

個人事業者は得をしている？

サラリーマンにとって個人事業者は、①なんでも必要経費が認められ、②家族にも給料が払えて、③事業で出た赤字が給料と相殺されて税金が返ってくるなど、税金の負担が軽くなるなんともうらやましい仕事、といったイメージがあるのではないでしょうか。

一方、個人事業者の中には、サラリーマンと違って将来になんの保障があるわけでなく、税金の世界においても、④必要経費は実際に支払いがないと認められないし、⑤帳簿をつけることや、⑥消費税や従業員の所得税をまとめて支払うといった義務ばかりが押し付けられている、といった不安や不満を感じている人が少なくありません。

前項でみた所得区分をめぐっては、納税者と税務署が争った多数の事例がありますが、そのほとんどは、納税者が自分の所得がより小さくなる所得区分を選択したことが原因となっています。確かに所得区分には、税金の上で有利な点、不利な点があるのは事実ですが、「隣の芝生は青い」とはよくいったもの、他の所得区分はうらやましく感じられるのでしょうね。

事業所得とは

さて、ここからは事業所得についてです。ここにいう事業とは、農業・林業・漁業・建設業・製造業・卸売業・小売業・不動産業・運輸業・医療保険業・サービス業などなど、相手から代金を受け取って（これを「対価を得る」といいます）継続的に行う仕事をいいます。場合によっては、法律で禁止されているような仕事であっても、所得税の世界では事業に含まれることがあります。事業所得とは、こうした事業から生まれる所得のカテゴリです。

ただし、これらの仕事であればなんでも事業所得になるというわけではありません。換言すれば、これらの仕事であっても、事業ではないと判断されるケースもあります。

事業に当たるかどうかの線引きは、その事業の規模や態様、取引の範囲、取引先の件数や金額、就労時間、従業員数などのあらゆるファクターを参考に、その納税者ごとに個別に判断することになるのですが、非常に難しいというのが率直なところです。なぜなら、その判断はどうしても個人的主観によることになるからです。

この線引きをめぐる紛争事例では、裁判所は「社会通念」というキーワードを使って判断します。つまり、納税者が事業だと考えているだけでは足りず、誰の目からみても客観的に事業といえるかどうかが問われるのです。

所得税においては「事業」の範囲は明確に示されてい

ません。というより、その範囲を示すことができないというのが実態です。ただ、基本となる考え方を最高裁判所が次のように示しています。

●最高裁昭和56年4月24日第二小法廷判決

> 事業所得とは、①自己の計算と危険において②独立して営まれ、③営利性、有償性を有し、かつ④反覆継続して遂行する意思と社会的地位とが客観的に認められる業務から生ずる所得をいう。

これを、わかりやすくしてみました。

①	・費用を自分が負担しているか。 ・その業務が赤字になった場合や、商品に欠陥が見つかる等相手に損害を与えた場合の責任を自分が負担するかどうか。
②	・その業務が、他人の指揮命令を受けて行うものであるかどうか。 ・時間的な拘束や場所の拘束を受けて行われるものであるかどうか。
③	・営利の追求を目的として、適正な対価を得て行われているものであるかどうか。
④	・繰り返しその業務を行っているかどうか。 ・その業務に専念しているかどうか。 ・その業務が社会的に事業として認められる規模や態様になっているかどうか。

先に、フリーランスの所得についての話をしましたが、この①〜④に当てはまるのであれば、フリーランスの所得も事業所得になるのです。

フリーランスの麻酔科医の所得区分は？

(1) 事　　例

フリーランスの麻酔科医。麻酔医療について高度の専門性を有し、麻酔をコントロールする。いくつもの病院と契約し、年収は数千万円。誰もがあこがれる職業ですね。

さて、そんなあこがれの職業につくAさんも、確定申告で悩んでいます。Aさんの事情は次のとおりです。

・フリーランスの麻酔科医として、いくつもの病院と契約し、病院が決めた手術の麻酔管理を行っている。
・病院出勤時は、タイムカードで勤務時間が管理されている。
・報酬は、給与として支払われるものと報酬として支払われるものが混在しているが、いずれも基本的には毎月定額である。
・麻酔に必要な医療機器は病院が所有し、麻酔に係る費用もそれぞれの病院が負担している。
・麻酔医療について高度の専門性を有しており、麻酔に関する手術のコンダクターとして誰の指示も受けず業務を行っている。また、麻酔業務日に自分に代わる医師を外注派遣することで業務の責任を果たすことができる契約としていることからも、病院とは独立した立場であったと考えている。

・麻酔科医としてのスキルを上げるために、学会や研究会への参加、医師との交流等で費用が発生する。

・領収書の整理や帳簿の記帳、スケジュール管理といった事務処理を配偶者に任せており、給与として300万円を支給している。

さて、Aさんの所得は、事業所得と認められるのでしょうか？

(2) 裁判所の判断

裁判所の判断を、先の表に合わせてみてみましょう。

①	麻酔業務から生ずる費用は、基本的に病院が負担しており、A氏は、たとえば高額の麻酔機器を購入することによって生じる費用（減価償却費）が麻酔業務から生じる収益を上回るなどして麻酔業務による損益計算が赤字になるというような事業の収支から一般的に生じ得る危険を負担することはない。
②	A氏は、麻酔を担当する前日に、病院からファクシミリ送信の方法により、患者数や各手術の内容等の情報の提供を受けてこれに従っていたことが認められ、このような麻酔という業務を行う対象、場所、時間など業務の一般的な態様について病院の指揮命令に服していたものと認められる。

所得税編

	A氏の勤務時間は、病院との契約により定められていたこと、A氏の業務は、病院内で術中麻酔管理等を行うことであったこと、病院においては他の非常勤職員と同様に出勤簿でA氏の勤務時間を管理していたことがそれぞれ認められ、A氏は病院の空間的、時間的拘束に服していたと認められる。
③	A氏に対しては、定額の報酬が支払われ、時間が2時間を超過した場合等には、割増された報酬が支払われるものの、手術や麻酔施術の難易度や用いる薬剤等の価格などに応じて変動する仕組みにはなっておらず、医療行為等に対する対価として患者や公的医療保険から病院に支払われる診療報酬の金額の多寡に応じてA氏に対する報酬が変動する報酬体系にはなっていない。
④	A氏は、麻酔医療について高度の専門性を有し、手術の指揮監督者として独立して業務を行っているから、病院の収入が事業所得に該当する旨主張する。しかしながら、業務遂行に必要なさまざまな判断が自分自身でできるからといって、他者の指揮命令に服していないということにはならないと解すべきである。このことは、国会議員や裁判官など、職務遂行に必要な判断等については、他者の指揮命令に服することなく独立して行っている職種についても、その報酬は給与所得とされていることからも明らかである。

(3) 解　　説

裁判所は、このような思考過程を経て、Aさんの所得は給与所得だと判断しました。特に、Aさんは「麻酔医療を実施するか否かを含め、麻酔医療という役務を提供するにつき、病院の誰からも指揮命令・監督を受ける立場にない」とその独立性を強調しましたが、裁判所は「業務遂行に必要なさまざまな判断が自分自身でできるからといって、他者の指揮命令に服していないということにはならない」としたうえで、その根拠として、国会議員や裁判官などの職種を挙げました。

このことは、医師の業務が、専門性が高く仕事においては独立した判断が求められるとしても、そのことと事業所得にいう「独立して営まれる業務」とは一致しないことを意味します。結局、事業所得の独立性は、自己の計算と危険によってその経済的活動が行われているかどうかで判断されるということになるのです。

事業所得のまとめ

(1) フリーランスの人へ

一般の人からすれば、医師のような専門職の事業所得性が認められないことに、かえって違和感があるのではないでしょうか。しかし、これが現実です。

ひるがえって、複数の教室と委託契約をしているフリーランスの講師の所得区分を考えてみましょう。複数の先と委託契約をしていることは、この麻酔科医と変わりません。それだけで事業所得性が認められるものではないことは明らかです。

次に、報酬の支払い形態が、給与あるいは報酬という点についても、麻酔科医と同様、これだけで判断することもできません。講師としての技術的専門性、独立性があるとしても、それも事業所得の判断には影響しません。

そうなると、委託契約の内容、費用負担・リスク負担の有無、時間的・場所的拘束の有無等で判断することになります。例えば、１教室の人数にかかわらず一定の報酬である、教室で使用する機材やテキスト等はすべて委託側の負担である、カリキュラムが決められている、といった個別の事情があれば、事業所得とは認められないでしょう。

また、いくつかの教室では費用負担やリスク負担があるとしても、教室の契約の多くが従業員としての契約であり、しかもその報酬が収入の大半を占めるなどの場合には、事業に専念している、すなわち事業所得とはいえないでしょう。

通常、税理士や税務職員は、所得区分をこのように考えて判断します。なんとか事業所得にしたいという納税者の気持ちもわからなくはないのですが、ルールに従った適切な判断が求められているのです。

(2) 副業（インターネット取引等）をしている人へ

ところで、冒頭の「事業で出た赤字が、給料と相殺されて税金が返ってくる」というのは事実です。これを「損益通算」といいます。損益通算とは、不動産所得、事業所得、譲渡所得、および山林所得について、それぞれの所得金額を計算して赤字が生じた場合に、一定のルールに従って他の所得から控除するというもので、これが節税策として世に広まっています。

給与所得者が「どうせばれないだろう」との思いから、副業として行うインターネット取引を無理やり赤字にして、事業所得として申告するケースがあることは、残念ながら事実のようです。ただ、それは単にばれていないだけ。2018年6月から2019年5月までのインターネット取引を行っている個人に対する税務調査の実績は、次表のとおりです。

項　　目	件数等	対前年比
調査件数	2,127件	105.6%
申告漏れ等の件数	1,850件	106.6%
追徴税額	37億円	156.8%
一件当たりの追徴税額	274万円	147.3%

【国税庁統計資料による】

調査件数は、年々増加の一途をたどり、1件当たりの追徴税額は、300万円近くに上っています。

ここまで事業所得の考え方をみてきましたが、そのハードルはみなさんの想像以上に高いのではないでしょうか。サラリーマンが、休日などを利用して行う副業が、事業所得として認められるとはとても考えられません。また、ネットの書込みや、巷(ちまた)のうわさなどを信じたからといって、事業所得と認められるわけでもありません。

安易な判断がいずれ自分を苦しめることを、これを機にできれば自覚してほしいものです。

所得税編　必要経費

領収書があればなんでも経費？

いいなぁ、事業者はなんでも経費になって

確定申告の時期になると、サラリーマンの人から「個人で商売をしている人は、何でも経費になるから得ですね」と、よくいわれます。また、個人事業者からは「領収書があればいいんですよね？」とたずねられることがあります。

年商が何億円もある個人事業者の中には、会社にすると交際費が必要経費に認められなくなるから、あえて個人事業を選択しているという人もいます。

はたして、このような考え方は正しいのでしょうか？

答えは、

No ！

まったく間違っています。

所得税は、個人の担税力に合わせて税を取る仕組みであることは、すでに説明してきました。すべての人に公平であるために、対象となる個人の正しい担税力を測定する必要があります。また、税金はもともと国が個人の財産を奪い取るもの。したがって、国民を守るためにみなさんから税金を取る必要があるとしても、ルールなしに税金を課すことを憲法が禁じています。

事業所得等において、その人の担税力は、次のように計算されます。

収入（売上など）－　必要経費　＝　所得（もうけ）

事業所得者等にも税の公平な負担が求められますが、そのために所得の計算には、一定のルールが作られています。この算式でいえば、「収入」と「必要経費」にそれぞれルールがあるのです。必要経費についていえば、「なんでも経費になる」といったルールは存在しません。

それでは、必要経費のルールをみていきましょう。

必要経費の原則

所得税の計算において、ある支出が必要経費として認められるためには「それが事業活動と直接の関連をもち、事業の遂行上必要な費用でなければならない」と定められています。つまり、その支出は、

①　事業活動に直接関連し、
②　その事業活動に必要である、

ことが求められているのです。これが、必要経費の原則です。

個人は事業活動以外に、家族との生活、子育て、地域

での活動、趣味など多様な活動をしています。そして、それらの活動にはそれぞれ支出が伴います。生活費や、学費・塾の費用、趣味の旅行費用、地域ボランティアへの参加費用など、その支出はさまざまありますが、その活動はそもそも事業活動ではありません。したがって、その支出は事業所得の必要経費には当たらないのです。

事業とは、独立して事業者の責任において行われる営業活動であるとともに、その活動は利益を追求するためのものであり、しかも継続して行われるものでなければなりません。そして必要経費は、その事業に関連するものに限定されています。このことから、冒頭に述べた「**個人で商売をしている人は、何でも経費になる**」という考え方は、完全に間違っていることになります。

次に、②の「事業活動に必要である」とはどのような意味でしょう。事業者が「事業に必要だ」と考えれば、これがすべて認められるのでしょうか。

この答えもやはり「No」です。裁判所の判断によれば、「ある支出が必要経費に該当するというためには、事業主が、事業に関連するもの、あるいは事業の遂行に資するものと主観的に判断して、その支出がされたというだけでは足りず、客観的に見て、それが当該事業の業務と直接ないし密接な関連を持ち、かつ、業務遂行上通常必要な支出であることを要し、その判断は、当該事業の業務内容等個別具体的な諸事情に則して社会通念に従って実質的に行われるべきものである。」とされています。つまり、事業者自らの主観的な判断ではなく、誰がみても事業に必要であることがわかる程度の客観性が求められるのです。

この点において、「**領収書があればなんでも経費になる**」という考え方も間違っていることになります。

必要経費の範囲

個人で事業を営む人、すなわち事業所得者の必要経費は、所得税法37条1項にその範囲が定められています。

これをわかりやすくすると、次のようになります。

法37条1項が定める必要経費の範囲

① 売上原価その他当該総収入金額を得るため直接に要した費用の額 ② その年における販売費、一般管理費その他これらの所得を生ずべき業務について生じた費用の額

①は、売上を得るための直接の費用、例えば、八百屋さんが店で販売する野菜の仕入代金や、大工さんが建築する家屋の材料費などがこれに該当します。

②は、事務所の家賃や電話代、事務員さんの給料や通勤手当など、売上とは直接には結び付きませんが、事業をしていくうえで必要な費用がこれに該当します。お客さんを接待するような費用もこちらに含まれます。

①と②の違いは、①は売上に直接関係するため、売上を計上した時（計上した年）の費用にします。

これに対し②は、売上と直接対応させることが困難なため、支出した時（支出した年）の費用にします。

家事費と家事関連費

同じように商売をしている個人事業者と、株式会社に代表される法人とは、税金の計算においてなにが違うのでしょう。それは、個人は利益を追求することだけを目的にしていないということです。わかりやすくいえば、事業をしている個人であっても、その支出の中には、事業に必要な費用ではなく、生きるための費用が含まれているということです。

個人事業者の支出にはこのような特徴があるため、所得税の計算にあたっては、まずこの生きるために必要な支出（この支出を「家事費」といいます）を正確に除く必要があります。食事代、住居費用、あるいは教育費用といった支出は、生活のための費用であり、これらが事業の必要経費に当たらないことは、いうまでもありません。

ただ、明らかに生活のための費用であれば話は単純ですが、問題は、この家事費と必要経費の性質をあわせ持つ支出を、どのように取り扱うかという点です。例えば、自宅の一部を店舗に改装し商売をしている個人事業者の水道代や借入金の支払利息、固定資産税といった支出や、電話代、ガソリン代といった費用がこれに当たります。

所得税法では、これらの支出を「家事関連費」といいます。家事関連費は、必要経費と家事費の要素が混在しているわけですから、必要経費に該当する部分を経費にすることは、原則として可能です。ただ、所得税法では、その取扱いを詳細に規定し、これに合わない場合には、必要経費に認めないこととしています。これをまとめると次のようになります。

必要経費に算入することができる家事関連費の範囲

> ①　業務の遂行上必要であり、
> ②　必要経費と家事費との区分が、客観的に明確に区分できるもの
> （なお、業務の遂行上必要な部分の支出金額が特定しえない場合に限っては、その支出する金額のうち、その業務の遂行上必要な部分が50%を超えるかどうかにより判定するものとされています。）

これを図示すると、次のようになります。

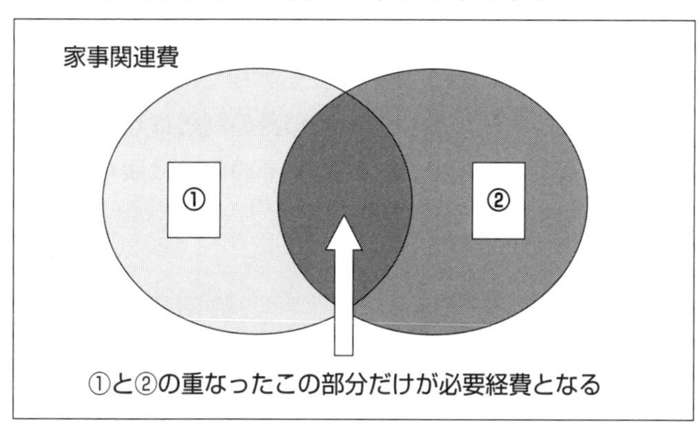

所得税編

家事関連費の注意すべきポイントは、必要経費部分と家事費部分とが、客観的に明確に区分されていなければならないというところです。

すなわち、家事関連費とされるものについて、100%必要経費として処理した場合には、たとえその中に必要経費に該当する部分があったとしても、それが認められないということになります。実際の裁判においても、個人事業者が敗訴した事件では「家事上の経費のうち業務の遂行上必要な部分として明らかに区分できない費用は、原則として必要経費に算入することができない」とされています。

また、その区分は、個人事業者の主観的な判断が認められるものではありません。誰がみても合理的と思える程度の客観性が求められます。

このように家事関連費は、当然に必要経費となる支出ではなく、むしろその範囲は相当にせまく、一定の要件を満たす場合に限って必要経費への算入が認められる支出だということになります。したがって、冒頭に記載したように「**所得税においては交際費の制限はない**」のではなく、法人と比較して、むしろその範囲は限られたものであることをしっかりと認識しておく必要があります。

必要経費のまとめ

以上を踏まえて、個人事業者の必要経費のまとめです。

まず、個人事業者の必要経費は、その事業に直接関連するものであり、しかも事業をするうえで必要な費用でなければなりません。

次に、家事関連費を必要経費にする場合の注意点をあげます。

第一に、事業との関連性を証明する資料を日頃から集めることが重要です。例えば、交際費であれば、領収書などはもちろんのこと、一緒に行った相手先とその関係性、どのように事業に関係したかなどを、メモに残すなどの方策が有効でしょう。

第二に、家事関連費に当たる支出は、家事費と必要経費部分とを明確に区分しなければなりません。また、その区分についても、例えば建物の使用面積割合や、就業時間などの合理的な数値を使って按分（あんぶん）することがポイントです。

所得税編　給与所得

じゃあサラリーマンこそ得してるの？

サラリーマンは得をしている？

個人事業者からみればサラリーマンは、税金の計算上、ずいぶん得をしているようにみえるものです。その理由は、

> ①　必要経費を実費で支払っていないのに、概算の経費控除が認められている
> ②　その控除額が大きい
> ③　税金にかかる手続きは人任せで、自分はほとんど何もしない

というものです。

一方、サラリーマンには、

> ④　実額の経費が認められない（現在一部認められてはいます）
> ⑤　個人事業者はなんでも必要経費に含めるなどいい加減な申告をしてもばれないが、サラリーマンは会社が税務署等に報告するため、所得のすべてがばれている

⑥　個人事業者には税制上の優遇措置があるが、サラリーマンにはない

といった不満が以前からあります。

そこで本項では、サラリーマンの所得、すなわち給与所得についていろいろみていきます。

給与所得とは

給与所得とは、簡単にいえば、汗を流して手にした利益のことです。名目は、給料、賃金、賞与、俸給などいろいろありますが、その性格は、雇用契約にもとづき、会社など使用者の指揮・命令にしたがって提供される労働の対価ということができます。

ただ、給与所得の範囲は、もう少し広く考えられていて、次のような対価も基本的には給与所得に含まれます。

・会社役員の役員報酬、役員賞与
・研究費、手当、車代等の名目で、勤務先から支給される金品
・大学等の非常勤講師の講師料
・派遣された家庭教師に支給される派遣料

役員と会社の関係は、雇用契約ではなく、会社の経営を委任する契約であるため、サラリーマンの給与とはその性質が異なりますが、所得税法では給与所得に区分されます。また、非常勤講師の講師料や、派遣された家庭

教師に支給される派遣料については、裁判所での紛争事例はあるものの、いずれも給与所得と判断されています。

また、給与所得は金銭で支払われるものだけに限りません。労働の対価としての性質を持つ、次のようなものも給与所得の範囲に含まれます。

- ・通勤用に支給したタクシーチケット
- ・会社等が従業員に住宅を通常の賃料の50％未満で賃貸した場合の、通常の賃料との差額
- ・いわゆるストックオプション
- ・会社が従業員等に利息を受け取らずに金銭を貸し付けた場合の、利息に相当する金額
- ・従業員等の大学等の授業料を負担した場合の、授業料に相当する金額
- ・会社の資産（例：土地や建物など）を通常の金額より低い金額で従業員に売却した場合の、通常の金額との差額

給与所得の範囲が、想像以上に広いことがおわかりのことと思います。特に、金銭以外で受ける経済的な利益も対象となることには注意が必要です。

サラリーマンからすると「お金をもらっていないのに、なぜ税金が取られるの？」という疑問があるでしょうが、家賃を例に考えてみましょう。

Ａさんは、会社の所有する社宅を３万円で借りている。その社宅と同じ程度の近隣住宅の賃料は10万円である。

Ｂさんは、Ａさんの住む社宅の近くにある、賃料10万円のマンションに住んでいる。会社からは７万円の住宅手当が支給されている。

ＡさんとＢさんは、同程度の家に住んでいます。そして、その家に住むための実質的な負担額は、

Ａさん：３万円
Ｂさん：10万円－７万円＝３万円

と、同額です。Ａさんからみれば、10万円の住宅手当をもらって、家賃７万円を払ったことと同じ経済効果を得ていることになります。

もしここで、現金でもらった額だけを給与所得とすれば、Ｂさんだけが課税をされることになりますが、それでは課税の公平に反します。また、二人は家があるおかげで、雨風をしのぎ、暑さや寒さから守られ、安心して生活ができるという恩恵を得ていますが、Ｂさんはそのために税金を負担するのに対し、Ａさんはその負担を免れているとみることもできます。

税金の世界では、このように考えて、金銭以外で受ける経済的利益にも課税することとしているのです。

給与所得控除

(1) 導入の意図

給与所得の一番の特徴は、実際に支払った額ではなく、概算額による経費の控除、いわゆる給与所得控除が認められているところにあります。個人事業者等からは、その控除額が多すぎると批判のあるところです。

ただ、給与所得控除を導入したことには、それなりの理由があるのです。

①　サラリーマンの必要経費は個別に定めるのが難しい
②　労働の対価であるため担税力が低いと考えられる
③　他の所得に比べて、給与所得は所得の内容がほぼ完全に国に捕捉されている
④　サラリーマンはその数が膨大であり、実額控除を認めると税務執行上の混乱が生じる

まず、①についてです。職場での仕事に必要な施設、器具、備品などに係る費用は、通常会社が負担しています。また、サラリーマンが勤務に関連して費用を支払ったとしても、人によって必要性の判断が異なり、必要経費と家事上の経費との区分が、極めてあいまいになるため、概算経費を採用したと説明されています。

次に、②についてです。所得区分の項で説明したように、汗を流して体を使って稼いだ所得は、他の所得より担税力が低いと考えられています。そこで、他の所得との負担を概算経費で調整しているのです。金額が実額より高く感じるのは、このような意図があるからです。

続いて、③についてです。「9：6：4（クロヨン）」とか、「10：5：3：1（トーゴーサンピン）」という言葉を耳にしたことはありませんか。これらは、所得の捕捉率、わかりやすくいえば「国がその人のもうけをどれだけ正しくとらえているか」ということを数字で表したものです。「9：6：4」は「給与所得者：個人事業者：農業・漁業従事者」の捕捉率を、「10：5：3：1」は「給与所得者：個人事業者：農業、漁業従事者：政治家」の捕捉率を、それぞれもじったものです。この数字に表れるように、給与所得者は他の所得と比べて捕捉率が高いため、他の所得との負担の調整を図る意味で概算経費が高く設定されているのです。

最後に、④についてです。これは、国側のコスト対策といえます。給与所得者の数は、2018年12月末で、5,911万人と公表されています。所得税は、現在給与所得者のほとんどが、確定申告に関わらないシステムになっていますが、もし実額経費を原則とすれば、この大量の給与所得者が確定申告をすることになります。そうすると、税務執行がとてももたないと考えられることから、概算控除を導入したのです。

(2) 給与所得控除は憲法違反？

給与所得控除をめぐっては、憲法14条1項に違反するかどうかが争われた「大島訴訟」という有名な事件が

あります。納税者は、

- 給与所得者に対して必要経費の実額の控除を認めない
- 給与所得控除額は実際に要した経費額を著しく下回っている
- 給与所得者は合理的な理由もなく、他の所得者に比べて著しく不公平な所得税の負担を課せられている

ことを理由に、憲法14条1項に違反すると主張しました。

これに対し、1985年（昭和60年）3月27日最高裁判所は、次のような解釈を示し、給与所得控除は憲法に違反しないと判断しました。

- 憲法14条1項は、国民に対し絶対的な平等を保障したものではなく、合理的理由なくして差別することを禁止する趣旨であって、国民各自の事実上の差異に相応して法的取扱いを区別することは、その区別が合理性を有する限り、何ら当規定に違反するものではない。
- 所得の性質の違い等を理由とする取扱いの区別は、その立法目的が正当なものであり、かつ、その立法において具体的に採用された区別の態様がその目的との関連で著しく不合理であることが明らかでない限り、憲法14条1項の規定に違反するということはできない。

この判決により、給与所得控除の合理性が認められることとなったのですが、その一方でそれまでまったく認められていなかったサラリーマンの実額経費控除が、一部とはいえ認められることとなりました。その意味でも、この訴訟は大きな意味のあるものといえます。

(3) 忍び寄る増税の影

ところが、このような理由で導入された給与所得控除について、近年その控除額が高すぎるとの声が大きくなって、現実にこれが引き下げられ始めました。具体的には、年収が850万円を超えるサラリーマンの控除額が徐々に引き下げられています。その引下げ額を2013年と2020年とで比較したものが、次の表です。

給与総額	2013年控除額	2020年控除額	差額
400万円	134万円	124万円	10万円
900万円	210万円	195万円	15万円
1,000万円	220万円	195万円	25万円
1,200万円	230万円	195万円	35万円
1,500万円	245万円	195万円	50万円

給与総額が400万円の人も控除額が減ったようにみえますが、この10万円については、給与所得控除額が減らされた代わりに、基礎控除額が10万円増えていて、所得の計算上はプラスマイナス0になっています。ただ、850万円を超える人については、

所得税編

差額が大きくなる　＝　増税

になることを意味します。

また、視点を変えると、この改正は、サラリーマンだけが損をする内容になっています。なぜなら、基礎控除は、サラリーマンだけでなく個人事業者を含むすべての所得者から控除されるもの、つまり、他の所得者にとっては、

10万円基礎控除額が増える　＝　減税

となるからです。

給与所得控除は、勤労者の担税力への配慮、あるいは他の所得との捕捉率を調整するために取り入れられた制度のはず。それなのに、給与所得者は増税もしくは現状維持、他の所得者にあっては減税、国は、給与所得者への配慮は、もはや必要ないと考えているかのようです。

サラリーマンはどうやって税金を納めてる？

源泉徴収制度とは

サラリーマンのお宅に、税務職員が訪ねて来ることは、相続があった場合など限られたケースを除いてほとんどないと思います。なぜでしょうか。

給与所得者の大半は、自分で自分の所得税を計算することがないからです。

給与所得者の所得税は、①雇用主が毎月の給料から一定額の所得税を預かって税務署に仮に納付し、②年末に各人の税額を正しく計算・精算することで完結します。この①と②を合わせて源泉徴収制度といいます（なお、源泉徴収制度の対象は給与だけでなく、利子、配当、税理士報酬なども含みます）。5,911万人ものサラリーマンが確定申告をすることになれば、税務署がもたない、主に国の都合で導入されたこの制度ですが、諸外国から注目される制度であることは間違いありません。

ここで、一般的な源泉徴収制度の仕組みをごく簡単に解説します。

例：サラリーマンAの毎月の給料30万円、源泉徴収税額1万円
1年間の所得税額11万2,000円の場合

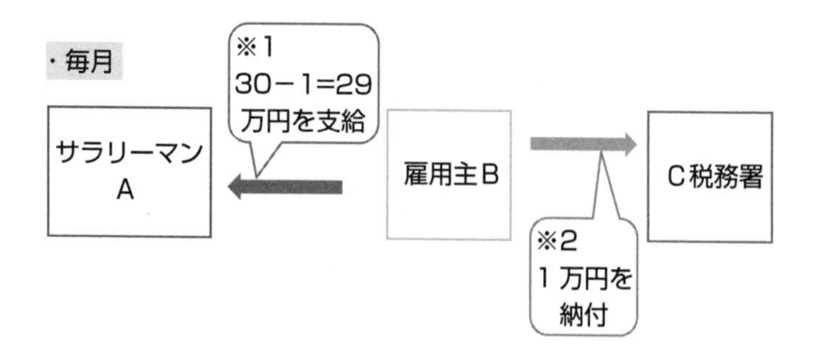

※1　雇用主Bは、月額30万円の給料から1万円の源泉徴収税額を預かり、残りの29万円を給料としてサラリーマンAに支給する。
※2　Bは、給料を支払った翌月10日までに、C税務署に1万円の源泉所得税を納付する。

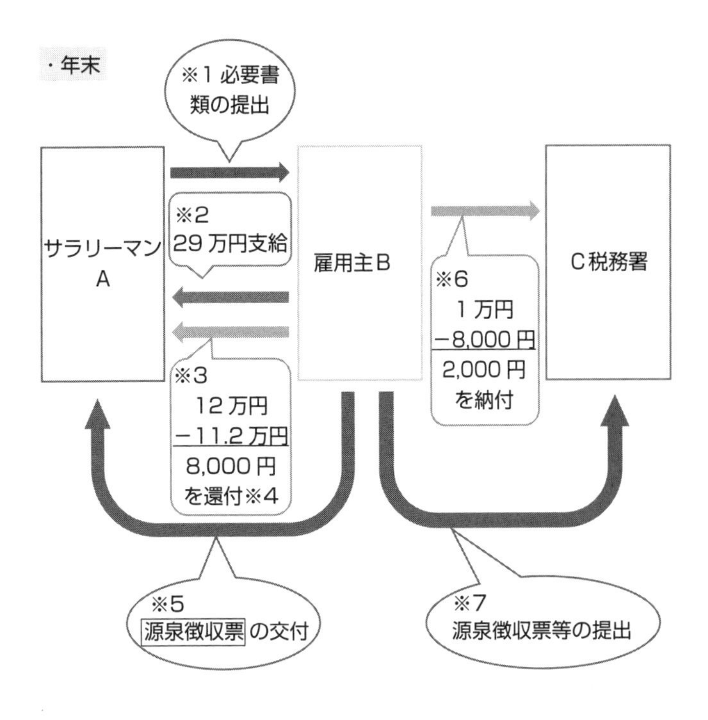

※１　Ａは、必要書類に、家族の状況や生命保険料の加入状況等を記載しＢに渡す。

※２　雇用主Ｂは、12月分の給料30万円から１万円の源泉徴収税額を預かり、残りの29万円を給料としてサラリーマンＡに支給する。

※３　Ｂはその必要書類を確認し、Ａの１年間の所得税の額を計算する。事例では11.2万円と算出する。

※４　Ｂは、※３の所得税額から、１年間に預かった源泉徴収税額の合計額を控除し、預かった金額が多い場合にはＡに還付し、少ない場合にはＡから徴収する。事例は次の計算のとおり、8,000円が還付されることになる。

11.2万円　－　（１万円×12か月）＝　△8,000円

※5　同時にBは、Aに源泉徴収票を渡す。
※6　Bは、12月分給与で預かった源泉徴収税額から、Bに還付した額を控除し、預かった金額が多い場合にはC税務署に納付し、少ない場合にはCから還付もしくは翌年に納付する源泉徴収税額と相殺する。事例は次の計算のとおり、2,000円がCに納付されることになる。
1万円　－　8,000円　＝　2,000円
※7　C税務署に、Aの源泉徴収票等の定められた書類を提出する。

このような仕組みで、サラリーマンの所得税は計算されています。ここでは、事例をわかりやすくするために、従業員を1人としましたが、大企業でなくても、従業員が100人を超える中小企業もたくさんあります。また、個人事業者であっても、従業員が数名いるという事業所は数多く存在します。要するに、

5,911万人の所得税を、350万ほどの雇用主が計算し納付している！

これが、わが国の源泉徴収制度の実態です。だから、サラリーマンの家には、税務職員は来ないのです。

その計算も、こんなに単純ではありません。途中入社・途中退職の人もいますし、年の途中で家族に異動のある人もいます。生命保険料の掛け金も人によってバラバラです。中には、雇用主がいくらお願いしても、これらの必要書類を提出しない人さえいます。さらに、最近では諸外国からの労働者が増えており、その場合には各国と

の租税条約まで確認しなければなりません。雇用主の負担は大変なものになっているのです。

これに加えて、雇用主がこの税金の計算を間違えたらどうなるか、あるいは源泉徴収税額を預かり忘れたらどうなるかです。間違えた場合も取り忘れた場合も、ときには数年分さかのぼって、すべて雇用主が負担することになります。この源泉徴収税額の他に、一定のペナルティとしての税金も課されます。途中で退職した人がいる場合など、結局雇用主が自腹で支払うケースも少なくありません。

年末になると、年末調整の書類を早く出すよう、会社からいわれるでしょう。雇用主の大変さはこれ以上申しませんが、せめて書類は正確に記載し、できるだけ早く会社に提出してあげてください。

所得税編

注意点

税務調査の現場では、事業者が支払った一人親方やフリーランスへの報酬をめぐって、しばしば争いになります。彼らへの支払いが、事業者の指揮・命令にしたがって提供される労働の対価となれば、それは外注費や報酬ではなく、給与と認定されるからです。

もし給与と認定されると、事業者は、

① 預かっていない源泉徴収税額を取られる
② 消費税の課税仕入れを否認され消費税を取られる

ことになります。ときにその追徴税額は、数百万円や数千万円に上るケースもみられます。

請求書や領収書があれば、なんでも外注費だと考えている事業者は、給与かどうかの判断を誤ると、預かってもいない源泉徴収税額をまとめて取られることになりますので、注意してください。

次に、フリーターの人に注意してほしい点です。持続化給付金をめぐり、自分の所得は給与所得ではないという人がたくさんいたことは、別項で紹介しました。ただ、ご自分で給与所得ではないと判断した以上、その人の所得は事業所得あるいは雑所得になります。そうすると、今後の所得税の計算においては、

① 給与所得控除は使えない
② 実額経費を控除するために帳簿をつけなければならない
③ 確定申告をしなければならない

ことを自分で選んだこととなり、さらに消費税においても、

④ 課税事業者を選択せざるをえないおそれがある

ことに注意しなければなりません。

所得税編　医療費控除

⑥ サラリーマンあるある——医療費控除編

確定申告相談会場でのひとコマ

サラリーマンのＡさんが、受付に来ました。

Ａさん　医療費の控除が受けられると聞いて、こちらに来ました。

受　付　医療費控除のことですね。医療費の領収書はお持ちですか？

Ａさん　はい、準備してきました。

受　付　領収書を整理して、金額を集計されていますか。

Ａさん　いいえ、まだしていません。どうすればいいですか？

受　付　それでは､空いている席におかけになって、医療費控除の明細書に必要事項を記載してください。その後確定申告書を作成していただきます。

Ａさん　わかりました、やってみます。

所得税編

年分　医療費控除の明細書【内訳書】

※この控除を受ける方は、セルフメディケーション税制は受けられません。

住　所　　　　　　　　　　　　氏　名

1　医療費通知に関する事項

医療費通知（※）を添付する場合、右記の(1)～(3)を記入します。

※医療保険者が発行する医療費の額等を通知する書類で、次の６項目が記載されたものをいいます。

（例：健康保険組合等が発行する「医療費のお知らせ」）

（①被保険者等の氏名、②療養を受けた年月、③療養を受けた者、④療養を受けた病院・診療所・薬局等の名称、⑤被保険者等が支払った医療費の額、⑥保険者等の名称）

(1) 医療費通知に記載された医療費の額	(2) (1)のうちその年中に実際に支払った医療費の額	(3) (2)のうち生命保険や社会保険などで補てんされる金額
円	㋐　円	㋑　円

2　医療費（上記１以外）の明細

「領収書１枚」ごとではなく、「医療を受けた方」・「病院等」ごとにまとめて記入できます。

(1) 医療を受けた方の氏名	(2) 病院・薬局などの支払先の名称	(3) 医療費の区分	(4) 支払った医療費の額	(5) (4)のうち生命保険や社会保険などで補てんされる金額
		□ 診療・治療 □ 介護保険サービス □ 医薬品購入 □ その他の医療費	円	円
		□ 診療・治療 □ 介護保険サービス □ 医薬品購入 □ その他の医療費		
		□ 診療・治療 □ 介護保険サービス □ 医薬品購入 □ その他の医療費		
		□ 診療・治療 □ 介護保険サービス □ 医薬品購入 □ その他の医療費		
		□ 診療・治療 □ 介護保険サービス □ 医薬品購入 □ その他の医療費		
		□ 診療・治療 □ 介護保険サービス		

この明細書は、申告書と一緒に提出

Ａさんは、受付で渡された「医療費控除の明細書」の作成に取り掛かります。医療費を確認して、普段まったく使わない電卓を何度もたたき直し、１時間かけてようやく合計金額を計算し、記載を終わらせました。医療費の合計金額は 30 万円を超えています。

Ａさん　できました。次はどうすればいいですか？

受　付　それでは、B 税理士の窓口にいってください。

Ａさん　はい、ありがとうございます（１年間で 30 万円も医療費がかかっていたのか。税金、いくら戻ってくるのだろう？　有給休暇をとって来ているのだし、３万円くらい戻ってきてほしいよな）。

Ａさんは、戻ってくる金額を考えて、ワクワクして順番を待っています。そして、やっと順番がきました。

B 税理士　お待たせいたしました。医療費控除の明細書は作成いただきましたね。それでは、申告書を作成していきましょう。まず、会社からもらった源泉徴収票をみせてください。

A さん　源泉徴収票……あ、これですね。

A さんが差し出したのは、次の源泉徴収票でした。

令和２年分　**給与所得の源泉徴収票**

支払を受ける者	住所又は居所	(受給者番号)	(役職名)	氏名 (フリガナ)
	大阪市北区芝田２－３－４			××A男

種別	支払金額	給与所得控除後の金額（調整控除後）	所得控除の額の合計額	源泉徴収税額
給料・賞与	内 2 200千 000円	1 360千 000円	1 720千 000円	内 千 0円

(源泉)控除対象配偶者の有無等 有	従有	老人	配偶者(特別)控除の額	控除対象扶養親族の数（配偶者を除く。）特定	従人	老人 内	従人	その他	従人	16歳未満扶養親族の数	障害者の数（本人を除く。）特別 内	その他	非居住者である親族の数
○			380千 000円	人	人	人	人	1人	人	人	人	人	人

社会保険料等の金額	生命保険料の控除額	地震保険料の控除額	住宅借入金等特別控除の額
内 400千 000円	80千 000円	千 円	千 円

(摘要)

生命保険料の金額の内訳	新生命保険料の金額	旧生命保険料の金額	介護医療保険料の金額	新個人年金保険料の金額	旧個人年金保険料の金額
	120,000円	円	100,000円	円	円

住宅借入金等特別控除の額の内訳						
住宅借入金等特別控除適用数		居住開始年月日(1回目)	年 月 日	住宅借入金等特別控除区分(1回目)	住宅借入金等年末残高(1回目)	円
住宅借入金等特別控除可能額	円	居住開始年月日(2回目)	年 月 日	住宅借入金等特別控除区分(2回目)	住宅借入金等年末残高(2回目)	円

(源泉・特別)控除対象配偶者	(フリガナ) 氏名	区分	配偶者の合計所得	国民年金保険料等の金額	旧長期損害保険料の金額
	B子		0円	円	円
				基礎控除の額 円	所得金額調整控除額 円

控除対象扶養親族	(フリガナ) 氏名	区分		(フリガナ) 氏名	区分
1	F郎		1		

未成年者	外国人	死亡退職	災害者	乙欄	本人が障害者 特別	本人が障害者 その他	寡婦	ひとり親	勤労学生	中途就・退職 就職	退職	年	月	日	受給者生年月日 元号	年	月	日
															平成	5	4	8

支払者		
	住所(居所)又は所在地	大阪市中央区南新町１－２－３
	氏名又は名称	○○商事　(電話) 06　(＊＊＊＊)＊＊＊

所得税編

B 税理士	（しばし絶句）……、**申し訳ないですが、申告をされても、税金は戻ってきません……。**
A さん	（長い間ぼうぜんと）……（ようやく）……**え？　どういうことですか？？？**

次に受付に来たDさんも、医療費控除の相談のようです。

D さん	**医療費控除の相談に来ました。医療費の明細書は記入してきました。**
受　付	（明細書を確認して）**それでは、O 税理士の窓口でお待ちください。**
D さん	**はい、ありがとうございます（今年は手術代など 50 万円も医療費がかかってしまった。でも、これで少しは助かるかな）。**

DさんもAさん同様、かなり期待をしているようです。ようやく、順番がきました。

O 税理士	**お待たせしました。それでは、医療費控除の明細書と、源泉徴収票をみせてください。**
D さん	**はい、どうぞ。**

Dさんが差し出したのが、次の源泉徴収票でした。

支払を受ける者	住所又は居所	大阪市西区阿波座４－５－６	(受給者番号)
			(役職名)
			氏名 (フリガナ) △△D夫

種別	支払金額	給与所得控除後の金額(調整控除後)	所得控除の額の合計額	源泉徴収税額
給料・賞与	内 2 100 000 円	1 290 000 円	1 235 000 円	内 2 800 円

(源泉)控除対象配偶者の有無等 有	従有	老人	配偶者(特別)控除の額	控除対象扶養親族の数(配偶者を除く。) 特定	従人	老人 内	人	従人	その他	従人	16歳未満扶養親族の数	障害者の数(本人を除く。) 特別 内	人	その他	非居住者である親族の数
○			380 000 円	人			人		人		人		人	人	人

社会保険料等の金額	生命保険料の控除額	地震保険料の控除額	住宅借入金等特別控除の額
内 280 000 円	80 000 円	15 000 円	千 円

(摘要)

生命保険料の金額の内訳	新生命保険料の金額	80,000 円	旧生命保険料の金額	円	介護医療保険料の金額	80,000 円	新個人年金保険料の金額	円	旧個人年金保険料の金額	円
住宅借入金等特別控除の額の内訳	住宅借入金等特別控除適用数		居住開始年月日(1回目)	年 月 日	住宅借入金等特別控除区分(1回目)		住宅借入金等年末残高(1回目)	円		
	住宅借入金等特別控除可能額	円	居住開始年月日(2回目)	年 月 日	住宅借入金等特別控除区分(2回目)		住宅借入金等年末残高(2回目)	円		
(源泉・特別)控除対象配偶者	(フリガナ) 氏名	E美	区分		配偶者の合計所得	0 円	国民年金保険料等の金額	円	旧長期損害保険料の金額	円
							基礎控除の額	円	所得金額調整控除額	円

Ｏ税理士　（両方を確認しながら）Ｄさん、戻ってくる税金は2,800円になりますね。

Ｄさん　えーっ!?　たった、それだけですか？？

Ａさんも Ｄさんも、仕事を休んで、遠方から相談会場に来ました。そして、朝から順番を待ち、一生懸命医療費の集計をして、やっと申告の相談までこぎつけたのです。ところが、税理士からは耳を疑うような宣告が。なぜこんなことになったのでしょう。

解　説

いずれも、フィクションではありません。毎年必ずといっていいほど確定申告の相談会場でみかける光景です。また、Dさんについては、税理士になる前の私の実話でもあります（笑）。

休みの日を利用して、相談会場に行きました。医療費控除をしたことのない私は、領収書などを整理するだけで一苦労、ほぼ半日かけて作業したことを覚えています。ほどなく集計が終わり、医療費の合計額は30万円ほどになりました。

作業中は、なんの疑いもなく医療費の10％くらいが戻ってくるのだろうと、根拠のない自信に満ちあふれていました。

ところが、相談した税理士から告げられた還付額は、3,000円!?

最初は聞き間違ったと思いました。しかし、税理士はいたって真面目な顔でもう一度「3,000円」と。さらに、その後の税理士の一言が突き刺さりました。

「還付といっても、納めた税金が戻ってくるだけですからね」

今の私であれば、同じようにサラリーマンに告げているのでしょう。酷なようですが、所得税を納めていなければ、医療費をどれだけ払っていても税金は戻ってこない、それが現実なのです。

支払を受ける者	住所又は居所	大阪市西区阿波座４－５－６	(受給者番号) (役職名) 氏名 (フリガナ) △△D夫

種別	支払金額	給与所得控除後の金額（調整控除後）	所得控除の額の合計額	源泉徴収税額
給料・賞与	内 2 100 000	1 290 000	1 235 000	2 800

(源泉)控除対象配偶者の有無等 有	従有	老人	配偶者（特別）控除の額	控除対象扶養親族の数（配偶者を除く。）特定 人	従人	老人 内 人	従人	その他 人	従人	16歳未満扶養親族の数 人	障害 の数（本人 く。）特 内 人	その他 人	非居住者である親族の数 人
○			380,000										

社会保険料等の金額	生命保険料の控除額	地震保険料の控除額	宅借入金等特別控除の額
内 280 000	80 000	150 000	

注目すべきは、源泉徴収票のこの部分です。この箇所に記載された金額が、あなたがその年に納めた所得税の額になります。私もそうでしたが、おそらく多くのサラリーマンが、この金額を気にとめることがないのでしょう。

医療費控除だけでなく、税金が還付される申告はいろいろありますが、要するに還付される税金は、ここに記載された金額が上限になります。Aさんの源泉徴収票では、税額が０円でした。だから、Aさんに戻ってくる税金はなかったのです。

絶句したB税理士の心の声は、「Aさんは税金が戻ってくると思っているだろうな……なんと説明しようかな」「時間をかけて作成されたのに、申し訳ないな……」といったところです。今の私は、こちらの気持ちもわかります。

貴重な時間を使っても、税金が戻らなければその作業はムダでしかありません。税金のことを知らないと、思わぬ徒労につながるのです。

所得税編　退職時の源泉徴収票

サラリーマンあるある——退職編

年の途中で退職する人は、相当な数に上ります。本項は、そのような人、必見です。

退職時に渡された源泉徴収票

Cさんは、大学4年生。アルバイトをしながら勉強を続けてきましたが、就職先も決まり、かねてから計画していた海外旅行のために、8月末でアルバイト先を退職しました。その退職の際に、アルバイト先から、次の源泉徴収票を受け取りました。

支払を受ける者	住所又は居所	大阪市浪速区日本橋３－４－５	(受給者番号)
			(役職名)
			氏名 (フリガナ) △△C子

種別	支払金額	給与所得控除後の金額（調整控除後）	所得控除の額の合計額	源泉徴収税額
給料・賞与	内 1 000 000 千 円	千 円	千 円	内 16,400 千 円

(源泉)控除対象配偶者の有無等		老人	配偶者(特別)控除の額	控除対象扶養親族の数（配偶者を除く。） 特定		老人		その他		16歳未満扶養親族の数	障害者の数（本人を除く。） 特別	その他	非居住者である親族の数
有	従有		千 円	人	従人	内 人	従人	人	従人	人	内 人	人	人
○													

社会保険料等の金額	生命保険料の控除額	地震保険料の控除額	住宅借入金等特別控除の額
内 千 円	千 円	千 円	千 円

（摘要）

普通徴収
年調未済

生命保険料の金額の内訳	新生命保険料の金額 円	旧生命保険料の金額 円	介護医療保険料の金額 円	新個人年金保険料の金額 円	旧個人年金保険料の金額 円

住宅借入金等特別控除の額の内訳	住宅借入金等特別控除適用数	居住開始年月日(1回目) 年 月 日	住宅借入金等特別控除区分(1回目)	住宅借入金等年末残高(1回目) 円
	住宅借入金等特別控除可能額 円	居住開始年月日(2回目) 年 月 日	住宅借入金等特別控除区分(2回目)	住宅借入金等年末残高(2回目) 円

(源泉・特別)控除対象配偶者	(フリガナ) 氏名	区分	配偶者の合計所得 円	国民年金保険料等の金額 円	旧長期損害保険料の金額 円
				基礎控除の額 円	所得金額調整控除額 円

控除対象扶養親族		(フリガナ) 氏名	区分	16歳未満の扶養親族		(フリガナ) 氏名	区分
	1				1		
	2				2		
	3				3		
	4				4		

未成年者	外国人	死亡退職	災害者	乙欄	本人が障害者 特別	その他	寡婦	ひとり親	勤労学生	中途就・退職 就職	退職	年	月	日	受給者生年月日 元号	年	月	日
											○	令2	8	31	平成	10	11	15

支払者	住所(居所)又は所在地	
	氏名又は名称	○× 商店 (電話)

Cさんは、源泉徴収票の見方がわかりません。また、これをなにに使うのかもわかりません。結局この源泉徴収票は、机の引き出しの奥に眠ったままになりました。

この国は「われわれが払った税金をムダに使うな！」「消費税が高い！」といった批判が多い割に、自分の納める税金にまったく関心がない人も多いという変な特徴があります。サラリーマンの人にうかがっても、自分が所得税をいくら負担しているか知らない人の方が多い、そのような感覚さえあります。それも、自分が損をしているケースであってもです。

Cさんのようなケースは、特に大学生に多いように思います。なぜなら、大学の講義でこの話をすると眠そうな学生の顔が、パッとこちらを向くのですが、その数がとても多いからです（笑）。

もし、Cさんが税金の正しい知識を持っていたら……。

16,400円の税金が戻ってきます！

ちょっとしたお小遣いになりますよね。そういう意味では、この源泉徴収票は金券のようなものなのに、Cさんはこれを引き出しに眠らせたまま。税金のことを知らないというのは、そういうことでもあるのです。

解　説

本来、サラリーマンの所得税の計算は、雇用主がサラリーマンに代わって年末に行うことが義務付けられています。これを年末調整といいます。年末調整は、サラリーマンの所得税を確定させるとともに、預かり過ぎた税金を返金する（不足の場合は追徴する）作業でもあります。

ただ、年の途中で退職したサラリーマンの分まで、雇用主に責任を持てというのはあまりにも酷な話。そのため、年の途中で退職したサラリーマンの年末調整はしなくてよい（一部例外は除きます）とされています。つまり、退職者の税金は精算がされていない状態にあります。

また、給料から毎月天引きされる源泉徴収税額は、1年間給料をもらうことを前提として、年末調整で計算される所得税の額に近くなるように調整されているため、途中で退職すると預かった金額が多くなってしまう傾向にあります。こうした理由で、途中退職者の場合、確定申告をすれば税金が戻ってくる確率が高くなるのです。

それでは、源泉徴収票のどこをどうみると、税金が戻ってくることがわかるのか、簡単に解説します。退職時に、源泉徴収票を受け取ったという人は、お手元にご準備ください。

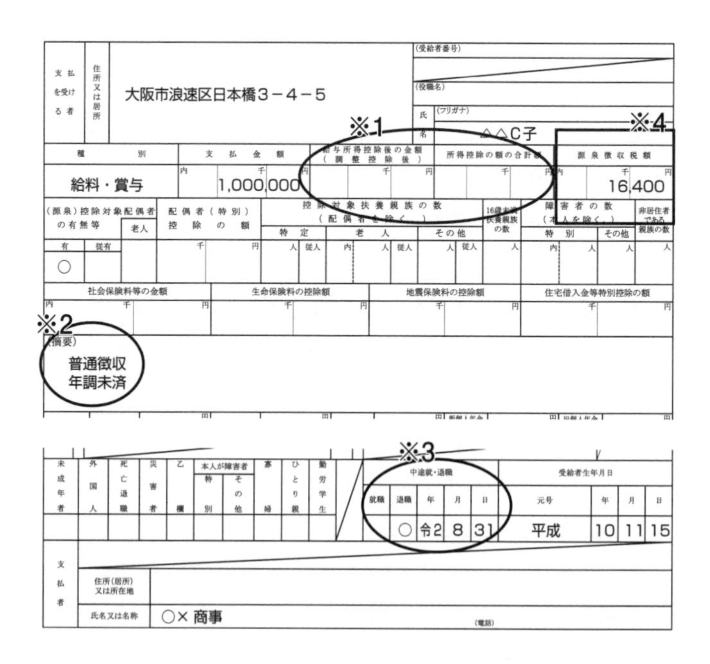

支払を受ける者　住所又は居所　大阪市浪速区日本橋３－４－５

(受給者番号)
(役職名)
氏名　(フリガナ)　△△C子

種別	支払金額	給与所得控除後の金額（調整控除後）	所得控除の額の合計額	源泉徴収税額
給料・賞与	1,000,000円			16,400円

(源泉)控除対象配偶者の有無等：有 ○

(摘要)
普通徴収
年調未済

中途就・退職					受給者生年月日			
就職	退職	年	月	日	元号	年	月	日
	○	令2	8	31	平成	10	11	15

支払者　住所(居所)又は所在地
氏名又は名称　○× 商事　(電話)

ポイントは、◯□で、囲んだところです。

まず、途中退職者の源泉徴収票では、◯に示すように、

※１「給与所得控除後の金額」「所得控除の額の合計額」欄に金額の記載がない
※２「(適用)」欄に、「年調未済」「年末調整未済」といった記載がある
※３「中途就・退職」欄に、退職日が記載されている

といった点に着目してください。これらから退職の事実がわかります。

次に、□に示すところ、

※４「源泉徴収税額」の欄に金額の記載があること

を確認してください。還付される税金の上限が、この金額となります。また、この欄に金額の記載がないということは、戻ってくる税金がないことを意味します。

いずれにせよ、アルバイトを辞めたときに受け取る源泉徴収票は、金券です。大事に残して、確定申告で払い過ぎた税金を取り戻してください。

もう一つ朗報です。Ｃさんは、３年後机の中からこの源泉徴収票をみつけました。この本を読んでくれていたので、3年前の税金を取り戻すことができました。そう、このような税金の還付は、５年さかのぼることができるのです。心当たりのある人は、今すぐ机の引き出しをひっくり返してください。金券が眠っているかもしれませんよ（笑）。

 お金をもらってないのに？

なぜ売買所得といわないのか

「譲渡所得」……みなさんには、あまり聞きなれない言葉ではないでしょうか。譲渡とは「譲り渡す」という意味、つまり譲渡所得とは、自分の所有する財産を譲り渡すことによって生じたもうけのことで、わりと多くの人に影響を及ぼす所得なのです。そこで、ここではこの譲渡所得について、いろいろみていきます。

資産の譲り渡しの中心となる取引は、資産の売買です。例えば、1.5億円で購入した土地を２億円で売買した場合、

２億円　－　1.5億円　＝　5,000万円

が譲渡所得となります。

ただ、所得税にいう資産の譲渡は、次に示すとおり資産の売買だけではなく、その範囲がもっと広いのです。

交　換	資産を交換（物々交換）すること
競　売	売り主が資産について、複数の買い手に値をつけさせて、最高価額の申し出人に売買すること （例）不動産の強制売却による住宅ローンの回収

公　　売	法律の規定に基づき、公の機関が強制的に資産を売買すること （例）滞納税金の回収のための差し押さえ物件の売却
代物弁済	本来の債務を別な資産で弁済すること （例）不動産による借入金の返済
財産分与	離婚した夫婦の一方が他方に財産を分与すること （例）不動産による財産分与
収　　用	国等が公共の利益のために、個人の資産を強制的に取得して、その損失を補償すること （例）道路を建設するための土地の収用
法人に対する現物出資	株式会社の設立等に当たり、金銭以外の財産をもって出資すること （例）会社設立のための自動車の出資

また、次の場合にも、資産の譲渡があったものとされます。

㋐　法人に対して資産を贈与した場合等

㋑　１億円以上の有価証券等を所有している一定の者が国外に転出する場合

㋒　地上権や賃借権、地役権を設定して権利金などを受け取った場合

㋓　資産が消滅することによって補償金などを受け取った場合

これらは、いずれも売買取引ではありません。このような取引を含むため、売買所得ではなく、譲渡所得とい

うのです。

無償の取引にも税金がかかる？

資産の譲渡というと、通常は有償、つまりお金をもらっての取引と考えられそうですが、所得税では、有償の取引はもちろん、無償の取引もその対象としています。では、無償の取引なのに、なぜ税金をかけるのでしょうか。

ここで、クイズです。

AさんとK子さんは離婚することになりました。離婚の条件として、Aさんが、所有する土地をK子さんに財産分与することになっています。この土地は、Aさんが10年前に4,000万円で購入したもので、現在この土地を購入するには1億円必要です。 さて、この財産分与によって、 ① どのような税金がかけられるのか ② かけられる場合、Aさん、K子さんのどちらに税金がかかるのか 考えてください。

税金をあまり知らない人に出題すると、

「K子さんが土地をもらったのだから、K子さんに贈与税がかかる」

という回答が最も多く、次に

「どちらも税金はかからない」

という回答が続きます。Aさんについては、お金ももらわず土地を手放しているのに、税金がかかると考える人はほとんどいません。

それでは正解です。これは、最高裁で争われた実際の事件です。そして、ここでクイズとして出題する以上、誰も税金を負担しないという答えはあり得ません(笑)。

また、財産分与は、婚姻中に夫婦で作った財産を離婚の際に分配するものであって、贈与には当たりません。したがって、K子さんが土地をもらっても贈与税は課税されません。

そうなると、課税されるのは、Aさんということになりますが、土地を手放しているのにどうして税金がかかるのでしょうか？　少々難しくなりますが、最高裁判所の判断をみてみましょう。

所得税編

> 財産分与に関し右当事者の協議等が行われてその内容が具体的に確定され、これに従い金銭の支払い、不動産の譲渡等の分与が完了すれば、右財産分与の義務は消滅するが、この分与義務の消滅は、それ自体一つの経済的利益ということができる。したがつて、財産分与として不動産等の資産を譲渡した場合、分与者は、これによって、分与義務の消滅という経済的利益を享受したものというべきである。

これを、図にして説明します。

(1) 離婚時の状況

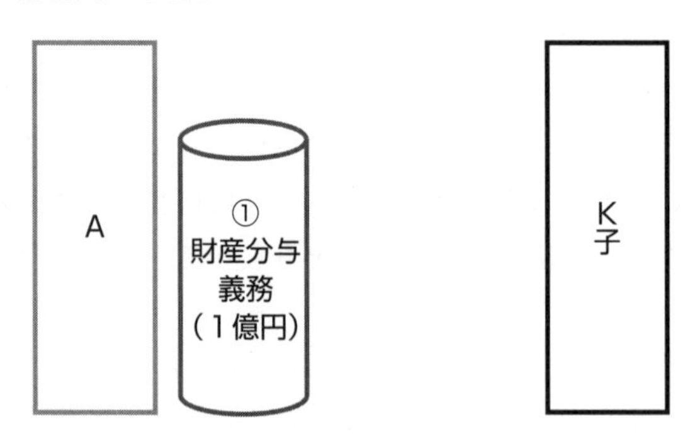

(2) 財産分与時

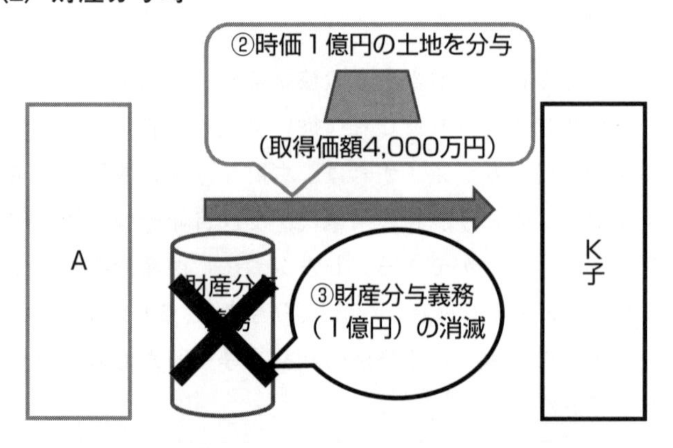

裁判所は、

① 離婚協議により、Ａさんには１億円の財産をＫ子さんに分与する義務が生じた

②　①の義務を履行するため、時価１億円の土地をＫ子さんに分与した
③　②により、Ａさんの財産分与義務は消滅した

という事実を認定しました。

そのうえで、ＡさんがＫ子さんに分与した土地は4,000万円で購入したもの、その4,000万円の土地で１億円の財産分与義務を消滅させたことになるので、Ａさんはこの取引で、

④　１億円－4,000万円＝6,000万円

をもうけたと判断したのです。

この取引は無償取引ですが、Ａさんが財産分与をするために、4,000万円の土地を１億円で売却し、その１億円をＫ子さんに分与した場合と経済的効果は同じになります。そのため、本件のような無償取引においても、この6,000万円を課税の対象にするのです。

所得税編

このような考え方は、土地を交換した場合でも同様です。

(3) 土地の交換

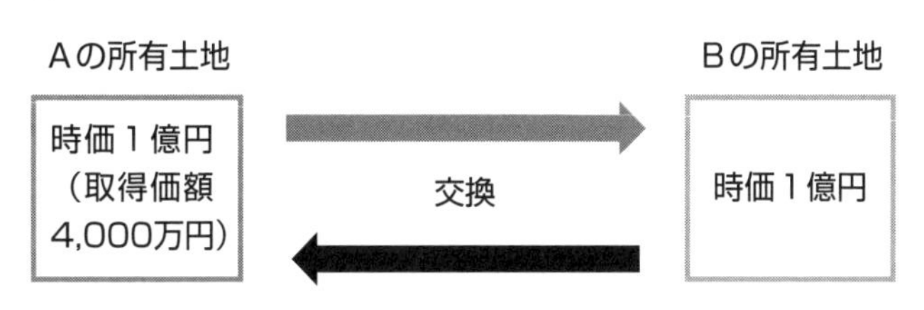

(4) 考え方

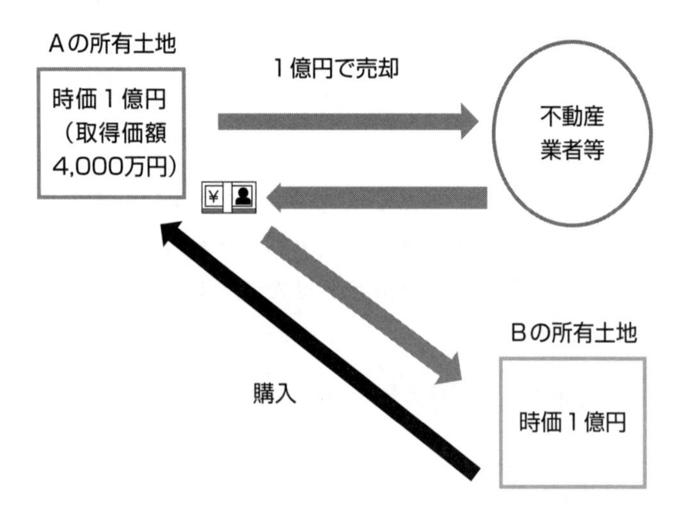

このように、資産を交換した場合には、(3) は無償取引なのですが、(4) と同じ経済効果を得ていることから課税の対象となるのです（ただし、交換の場合には要件を満たした場合に限って、課税を繰り延べる方法が特別に認められています）。

上記㋐「法人に対して資産を贈与した場合等」も、同じ理由で課税の対象となります。

⑨ 税金がかかる？　かからない？

対象となる資産

譲渡所得の対象となる資産は、譲渡することが可能なすべての資産を含みます。土地や建物などの不動産、株式・金（きん）・宝石・書画・骨とう・船舶・機械装置・器具・備品・車両などの動産はもちろんのこと、借地権、特許権・商標権・著作権などの無体財産権、漁業権・鉱業権などの許認可によって得た権利などが含まれます。

ただし、現金や貸付金などの金銭債権は除かれます。

所得税が課税されない譲渡所得

所得税が課税されない譲渡所得もあります。

その代表的なものが、生活用動産の譲渡による所得です。生活用動産とは、家具、生活用品、通勤用の自動車、衣服などの生活に通常必要な資産のことです。

国としては、生活用動産の譲渡の実態がつかみづらいことや、生活用動産への課税は、さすがに国民の賛同を得られないと考えて、断念したのかもしれませんね。

ここで次のクイズです。

> Fさんは、骨とう品の収集が趣味です。この度、新しい骨とう品が欲しくなったので、掛け軸、壺、絵画をそれぞれ1点売却しました。
> 売却価額は合計108万円、内訳は次のとおりです。
> ・掛け軸　…28万円
> ・壺　…50万円
> ・絵画　…30万円
> Fさんは、生活用動産なので、所得税はかからないと考えています。
> さて、Fさんには所得税はかからないのでしょうか。もしかかるとしたら、所得金額はいくらになるのでしょうか。
> ①　所得税はかからない
> ②　所得税がかかる
> ア　所得金額は108万円
> イ　所得金額は80万円
> ウ　所得金額は50万円

正解は、②ーウです。

所得税が課税されない生活用動産の中には、一部例外として課税されるものがあります。

・貴金属や宝石、書画、骨とうなどで、1個の価額が30万円を超えるもの

簡単にいえば、贅沢(ぜいたく)品と考えられる生活用動産です。これをFさんの売却した生活用動産に当てはめてみると、

・掛け軸	…28万円	≦	30万円	∴	課税なし
・壺	…50万円	＞	30万円	∴	課税あり
・絵画	…30万円	≦	30万円	∴	課税なし

という結果になります。

貴金属や宝石、ブランドバッグなども同様です。売買の際は1品が30万円を超えるかどうかの判断が必要になります。また、今回のように、多数の対象品を売却したとしても、金額を合計するのではなく1品ずつ30万円を超えるかどうかの判定をしてください。

その他にも、所得税が課税されない譲渡所得には、次のようなものがあります。

・税金を滞納するなどして強制的に資産が競売などされた場合
・国等に対して重要文化財を譲渡した場合
・相続税を土地などの財産で納付した場合

計算の仕組み

次に、譲渡所得の基本的な計算方法をみてみましょう。譲渡所得は、株式等を除いて、次の算式により計算されます。

譲渡所得　＝　①収入金額（売却金額など）－
（②取得費＋③譲渡費用）－　④特別控除額

① 収入金額とは、一般的には売買代金のことですが、土地を交換した場合など、金銭以外の物などを受け取った場合にはその物の時価が収入金額となります。
② 取得費とは、売却した資産の取得のために支出した金額と、その資産に新たに付け加えた設備費や改良費などをプラスした金額をいいます。具体的には、購入の際の仲介手数料や、建物の増築や改装費などがこれに当たります。
③ 譲渡費用とは、この売買をするために直接要した費用をいいます。具体的には、仲介手数料や契約書の印紙などがこれに当たります。
④ 特別控除額とは、資産の譲渡にはさまざまな背景があるため、それらを考慮して設けられた文字通り特別な控除をいいます。

ところで、譲渡所得は、所有する資産の価値が、その資産の取得時よりも高くなったことに着目して課税するものです。一方で、譲渡所得には、先祖代々保有されてきた土地のように、資産の所有期間が長期間にわたる場合が多いという特徴があります。

昭和40年代前半には約３万円といわれていた大卒初任給が、今では20万円超となったように、わが国は物価が上昇して貨幣価値が変動しています。もし、昭和40年前半あるいはそれ以前に取得した土地を今売却すれば、必然的にその利益は相当な金額になります。

そこで、譲渡所得の計算は、物価上昇による資産価値の増加に対応するために、次のような仕組みが採られています。

❶　資産の所有期間による軽減策
❷　総合課税と分離課税
❸　さまざまな優遇措置

以下、これらの仕組みと注意点を解説します。

所得税編

資産の所有期間による軽減策

譲渡所得の金額は、資産の保有期間によってその負担が軽減される仕組みとなっています。具体的には、資産の所有期間が5年を超えるかどうかで、

- 短期譲渡所得（所有期間が5年以内の資産の譲渡によるもの）
- 長期譲渡所得（所有期間が5年を超える資産の譲渡によるもの）

のいずれかに区別します。

それでは、ここでクイズです。

【Q 1】

Mさんは、2020年8月1日、所有する骨とう品（壺）を500万円で売却しました。この骨とう品は、2015年7月1日に300万円で購入したものです。

Mさんの譲渡所得は、短期譲渡所得、長期譲渡所得のいずれになりますか？

【Q 2】

Pさんは、2020年8月1日、所有する別荘の土地・建物を5,000万円で売却しました。この別荘は、2015年7月1日に3,000万円で購入したものです。

Pさんの譲渡所得は、短期譲渡所得、長期譲渡所得のいずれになりますか？

ＭさんとＰさんの違いは、所有する資産の種類だけです。取得の日および売却の日は同じ、つまり保有期間は同一です。ＭさんＰさんともに、資産の取得から売却までの保有期間は５年を超えているので、長期譲渡所得に当たると考えるのが一般的です。

(1) 一般的な考え方

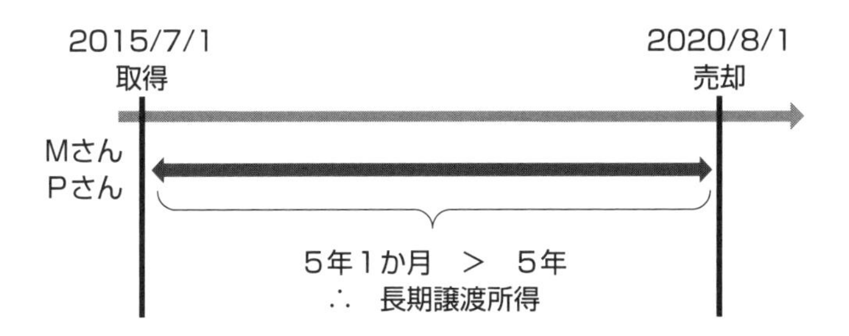

ところが、所得税法等では、土地・建物とそれ以外の資産（一部例外あり）の取扱いが異なります。まず、土地・建物以外の資産については、

> ① **長期譲渡所得 —— 所有期間が5年を超えるもの**
> ② **短期譲渡所得 —— 所有期間が5年以下のもの**

となります。

次に、土地・建物については、

> ③ **長期譲渡所得 —— 譲渡した年の1月1日において所有期間が5年を超えるもの**
> ④ **短期譲渡所得 —— 譲渡した年の1月1日において所有期間が5年以下のもの**

となります。

これによれば、Ｍさんの譲渡所得は①により長期譲渡所得に、一方Ｐさんの譲渡所得は、所有期間が５年以下となり④により短期譲渡所得となります。

(2) 所得税法等の規定

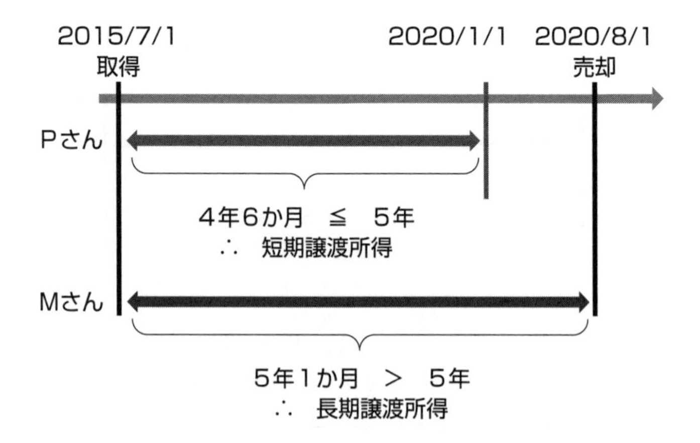

土地・建物の売買は、取引による利益が高額になるケースが多く、それに比例して納付する税額も高くなります。また、土地・建物にかかる譲渡所得は、長期・短期の違いによって納付する税額がほぼ倍になります。つまり、長期・短期の判定ミスは、個人に多額な負担を強いることになるのです。

その負担の違いを、Ｐさんの例でみてください。

①　Pさんの譲渡所得

5,000万円　－　3,000万円　＝　2,000万円

②　長期譲渡所得の場合の税額（住民税等を含む）

2,000万円　×　20.315%　＝　4,063,000円

③　短期譲渡所得の場合の税額（同上）

2,000万円　×　39.63%　＝　7,926,000円

④　差　　額

③　－　②　＝　3,863,000円

土地・建物の売却は、ある程度の時間をかけて検討するのが一般的です。中でも納める税金は重要なポイントで、所有期間の判定をミスすると、せっかくの計画がムダになったも同然です。

しかし、残念ながらこの判定ミスは、「**譲渡した年の1月1日における所有期間**」という考え方が一般的ではないため、結構な確率で発生しているのが現実です。

このミスは、所有期間5年という数字を覚えるのではなく、1年プラスした「6年」と覚えてもらうことで、絶対に避けることができます。土地・建物の売買を計画している人は、ご注意ください。

仮想通貨の取引は？

総合課税と分離課税

(1) 課税方法の違い

譲渡所得は、譲渡した資産の種類によって、課税の方法が変わります。

課税方法	対象となる資産	税額算出の仕組み
総合課税	土地・建物、株式等以外の資産	譲渡所得の金額を、事業所得や給与所得などの他の所得の金額と合計し、税額を計算する方法
分離課税	土地・建物、株式等	譲渡所得金額についての税額を、事業所得や給与所得などの他の所得の金額と区別するとともに、総合課税とは異なる税率によって計算する方法

総合課税は、譲渡所得と他の所得とを合計して、その合計額をもとに税額を計算する方法です。所得税は、税負担の公平の観点と、富の再分配（富裕層からより多くの税金を徴収し、それを各種の社会保障にあてるという考え方）の観点から、所得の高い人により大きな税負担を求める累進税率が採られています。どれくらいの負担

の違いがあるか、税率表を比べてください。

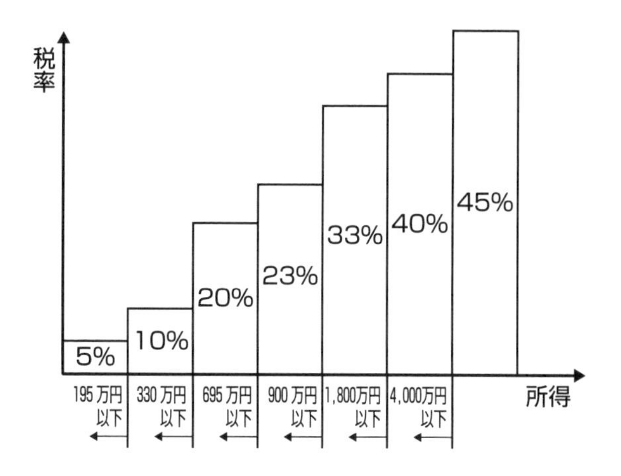

ただ、この考え方を貫くと、高額な取引となりやすい土地・建物の場合には、他の所得と合わせてすぐに最高税率に達する可能性が高くなります。そこまではいかないにしても、相当高額な税負担になることは確実です。また、土地・建物の売買はそう何度も経験するものではなく、臨時的な所得とも考えられます。

このため、一定の税負担の軽減を図るという政策的な観点から、譲渡所得だけを単独で、しかも特別な税率によって税額を計算することとしたのです。

なお、株式の譲渡が分離課税とされた理由については、主に株式投資を奨励するという政策的配慮によるものです。ただ、最近ではこれにより、所得税の所得再分配機能が阻害されているという指摘があります。それは、株式の譲渡を分離課税としたことによって、所得税の税率

15.315％と住民税の税率５％によって計算される税金を納めるだけでよいからです。

１億円をもうけた場合、総合課税であれば、ほぼ半分が税金となります。これに対し株式の譲渡（上場株式の配当も同様）でもうけた場合は、2,000万円程度の負担ですむことになります。所得が１億円を超えるような高所得者ほど、この恩恵を受けているといわれています。

(2) 総合課税における計算の仕組み

土地・建物、株式等以外の資産の譲渡は総合課税となりますが、とはいえこれに該当する資産もまた高額な取引となりやすいうえ、継続的ではなく臨時的、一時的な所得であると考えられます。

そこで、総合課税の対象となる譲渡所得についても、一定の配慮がされています。まず、短期、長期を問わず、50万円の特別控除があります。これにより、短期譲渡所得の場合の所得計算は、以下の算式となります。

① 譲渡所得の金額 ＝ 譲渡価額 － （ 取得費 ＋ 譲渡費用 ）－ 50万円

簡単にいえば、資産を売却したもうけが50万円以下であれば、税金はかからないということです。

次に、長期譲渡所得においては、①の算式により求めた所得の２分の１が課税の対象となります。つまり、①の半分だけが対象になるということです。実務では、半分になるという特典を狙って、他の種類の所得を譲渡所得に仮装するようなケースもみられます。

(3) 分離課税における計算の仕組み

ア．土地・建物

土地・建物にかかる譲渡所得は、

譲渡所得 ＝ 収入金額 －（取得費 ＋ 譲渡費用）－ 特別控除額

の算式で計算されます。そして、これにより計算された所得に、長期・短期それぞれの税率を乗じて税額を算出します。

① 長期譲渡所得
譲渡所得金額 × 15.315% ＋（住民税５%）

② 短期譲渡所得
譲渡所得金額 × 30.63% ＋（住民税９%）

イ．株式等

株式等にかかる譲渡所得は、

譲渡所得 ＝ 収入金額（譲渡価額）－（取得費 ＋ 委託手数料等）

の算式で計算されます。これにより計算された所得に、税率を乗じて税額を算出します。

譲渡所得金額 ×（15.315%＋住民税５%）

それでは、ここでクイズです。

D さんは、今年の４月に、ビットコイン（４ビット）を 200 万円で購入しました。その後ビットコインが値上がりしたので、12 月に 240 万円で売却しました。D さんは、ビットコインも資産であり、その売却による所得は譲渡所得と考えています。また、50 万円の特別控除額を控除すると所得は０円になるので、申告をする必要はないと考えています。 D さんの考え方は、正しいでしょうか？

このクイズに対する、国税庁の見解が、以下です。

8　仮想通貨取引の所得区分
問　仮想通貨取引により生じた利益は、所得税法上の何所得に区分されますか。
答　仮想通貨取引により生じた利益は、所得税の課税対象になり、原則として雑所得に区分されます。 仮想通貨取引により生じた損益（邦貨又は外貨との相対的な関係により認識される損益）は、 ・その仮想通貨取引自体が事業と認められる場合(注1) ・その仮想通貨取引が事業所得等の基因となる行為に付随したものである場合(注2) を除き、雑所得に区分されます。 (注) 1 「仮想通貨取引自体が事業と認められる場合」とは、例えば、仮想通貨取引の収入によって生計を立てていることが客観的に明らかである場合などが該当し、

この場合は事業所得に区分されます。

2 「仮想通貨取引が事業所得等の基因となる行為に付随したものである場合」とは、例えば、事業所得者が、事業用資産として仮想通貨を保有し、棚卸資産等の購入の際の決済手段として仮想通貨を使用した場合が該当します。

【国税庁「仮想通貨に関する税務上の取扱いについて(FAQ)」】

これによると、Dさんの所得は、雑所得となるようです。そうすると、Dさんは確定申告をしなければなりません。当然この所得は、総合所得となります。

ただ、私見ながら、国税庁のこの回答には、納得しがたいところがあります。第一に、譲渡所得にいうところの資産は、他人に譲渡することができる有形、無形の資産をすべて含みます。ビットコインは流通し、取引されていることから考えても、資産であることは明白です。

第二に、譲渡所得ではないとする理由が、明らかにされていないからです。譲渡所得の対象とならない資産もありますが、これらは対象とならない理由が明確にされています。例えば、金銭債権については、金銭債権の譲渡による利益は金利に相当すると考えられることから、譲渡所得にいう資産にはならないと説明されています。仮想通貨（暗号資産）についても、金銭債権と同じように、現在の法律に基づいて譲渡所得に該当しないと判断した理由を示す必要があるはずです。

仮想通貨業界からは、金融商品取引改正法により仮想通貨が「金融商品」として位置づけられたことから、先物取引同様20％（所得税15％＋住民税５％）の分離課税を要望する声も上がっています。

「競馬の所得と通達」の項にて触れますが、近年の金融商品は、めざましく進歩しています。昭和の時代あるいは平成初期の時代に、仮想通貨が発売されることなど誰が想像したでしょう。このような進歩に、税制が置き去りにされているというのが、現在の税務行政の偽らざる姿だと思います。

仮想通貨をめぐる課税のあり方は、今後大きく変わる可能性もあります。みなさんもその動向に注意してください。

さまざまな優遇措置

譲渡所得の仕組みについて、最後に紹介するのがさまざまな優遇措置です。譲渡所得の計算では「特別控除」といわれており、次のようなものがあります。

①	公共事業などのために土地建物を売った場合	5,000 万円の特別控除
②	マイホームを売った場合	3,000 万円の特別控除
③	特定土地区画整理事業などのために土地を売った場合	2,000 万円の特別控除
④	特定住宅地造成事業などのために土地を売った場合	1,500 万円の特別控除
⑤	平成 21 年、22 年に取得した土地を売った場合	1,000 万円の特別控除
⑥	農地保有の合理化などのために土地を売った場合	800 万円の特別控除
⑦	空地、空家、一時利用されている土地などを売った場合	100 万円の特別控除

ところで、これらの優遇措置には、いずれも適用要件があります。この適用要件を満たさない場合には、これらの特例は受けられないことに注意が必要です。

税金の優遇措置の諸問題については、別項にて解説します。

⑪ フリーランスの不満への回答？

雑所得とは

新型コロナ感染症拡大に伴い、にわかに注目され始めた「雑所得」という所得区分。ただ、雑所得を正しく理解している一般の人は、ほとんどいないのが実態です。所得区分のところで解説したように、税務署や税理士に雑所得とされたという勘違いがネットなどに堂々と書き込まれていること自体、雑所得を正しく認識していないことの証です。

とはいえ、税理士の中にも、雑所得の定義を正しく説明できない者がいても不思議ではありません。なぜなら、

雑所得には定義がない！

からです。

以下、雑所得の考え方などを確認していきます。

所得分類の方法

所得分類は、次の手順で行います。

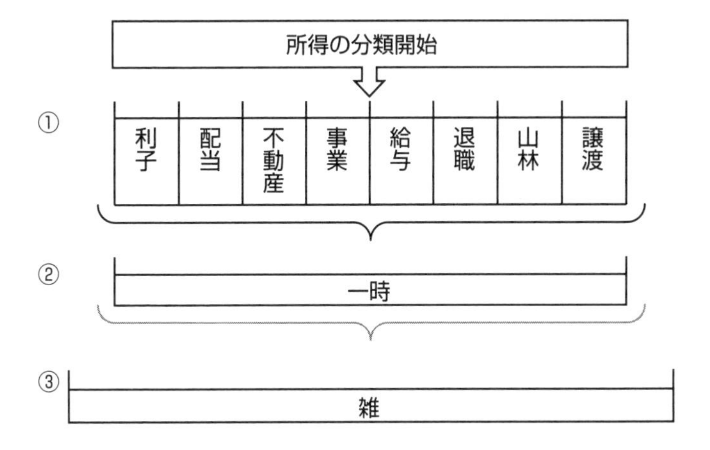

所得税編

① まず、納税者の「もうけ」が、利子、配当、不動産、事業、給与、退職、山林、譲渡の、計８区分のいずれに属するかを判定します。例えば、土地を売ったもうけであれば譲渡所得に、土地を貸したことによるもうけであれば不動産所得に振り分けます。

② ①において、８区分のいずれにも属さない「もうけ」が、①の分類から②に落ちてきます。②では、そのもうけが、㋐一時的・偶発的なものか、㋑対価性のない恩恵的なものかによって、一時所得に属するか判定します。例えば、クイズ番組の懸賞金や、生命保険等の満期受取金、解雇予告手当などがこれに該当します。

③　②において、一時所得に属さないとされた「もうけ」は、それ以上分類されることはありません。そのすべてが雑所得に分類されます。ちょうど、上から流した水がフィルターを通じてそれぞれの所得に吸収され、最後まで吸収されなかった水が雑所得というタンクに流れ込む、そんなイメージを持つとわかりやすいでしょう。

雑所得の定義

雑所得を無理矢理定義づけするとすれば、「利子～一時所得に該当しないすべての所得」ということになります。所得税基本通達にはその例示がありますが、あくまで代表的なものが記載されているに過ぎません。定義がないのですから、一様にその範囲を示すことは不可能です。

それでは、なぜ雑所得という区分が必要なのでしょうか。

所得税には、どのような所得に課税するかという点につき、大別して二つの考え方があります。

一つは、法律で所得を限定して課税する考え方で、学問上はこれを「制限的所得概念」といいます。現在でも、制限的所得概念を採用している国は少なくありませんし、わが国の所得税も、第二次世界大戦前までは制限的所得概念を採っていました。臨時的、偶発的な所得は担税力が低いので課税をしない、というのが主な考え方です。

これに対し、もう一つはすべての所得に課税するという考え方で、学問上はこれを「包括的所得概念」といいます。わが国の所得税は、戦後包括的所得概念を採るようになりましたが、そのために、雑所得というカテゴリを設けて、他の所得には属さないすべての所得をつかまえて、課税の対象としたのです。

雑所得以外の所得は、その所得に該当するかどうかを直接的に判定できますが、雑所得に限っては、他の9種の区分に分類されないことが確認された時点で、自動的かつ間接的に雑所得と判定されることになります。この違いが、雑所得の大きな特徴といえます。

このように、なかなか難しい雑所得の判断。ネット上には、サラリーマンの副業に関して「雑所得か？　事業所得か？」「事業所得として申告すれば有利に」などの書き込みが散見されますが、所得分類は、雑所得か事業所得かといった二者択一の選択をするものではありませんし、納税者が、自由に所得区分を選択できるものでもありません。

中には「税務署や税理士にいわれたから雑所得として申告した」といった、自らの責任を転嫁するような書込みもありますが、そもそも所得分類は自分の状況を一番よく知った納税者本人がするものです。また、税務職員や税理士が雑所得といったのであれば、それは納税者からの聞き取りや持参された資料を参考に、他の所得区分に該当しないことを確認したからこその結論であって、そのときの納税者の説明や資料に不足があれば、後になって所得区分が変わることだってあり得ます。

さらに「わからないから相談しているのに」という声も聞こえてきますが、資料も整理されておらず、説明もあやふやな状態で、他人の所得区分を判断せよというのは、到底できない相談です。納税者が自らの所得区分を判断し、所得を計算し、確定申告によって税金を納める、これが、わが国の「申告納税制度」の理念です。この理念をしっかり理解して、「わからない」ではなく、「わかる努力」をしてほしいものです。

雑所得の必要経費

サラリーマンの副業については、その事業規模等から考えて、雑所得に該当するものが多いと考えられますが、雑所得の必要経費の範囲は、事業所得と同じです。

必要経費の範囲

① 売上原価その他当該総収入金額を得るため直接に要した費用の額
② その年における販売費、一般管理費その他これらの所得を生ずべき業務について生じた費用の額

①は、売上を得るための直接の費用です。例えば、ネット販売をするための商品の仕入代金、商品の送料などが

これに該当します。

②は、電話代、インターネット関連費用、広告料など、売上とは直接には結び付きませんが、副業をしていくうえで必要な費用が該当します。

①と②の違いは、①は売上に直接関係するため、売上の計上時（計上した年）の費用になります。これに対し②は、売上と直接対応させることが困難なため、支出時（支出した年）の費用になります。

一時所得とは

(1) 定義と特徴

順序は前後しますが、先に記載のとおり、利子所得以下８種類の所得区分のいずれにも該当しない所得は、まず一時所得のフィルターを通ることとなります。ただ、実際にはそのフィルターを通るとき、一時所得であるか、雑所得であるかを同時に判断することになります。

一時所得を定義すると、

○　営利を目的とする継続的行為から生じた所得以外の一時的な所得

であり、その特徴は、

①　一時的・偶発的な所得であること

②　対価性のない恩恵的な所得であること

です。

この①と②の対になる言葉が、

③　継続的であること

④　対価性のあること

ですが、これが雑所得の特徴です。つまり、③と④の特徴に該当しない所得が一時所得に、そうでないものは雑所得に分類されるのです。

(2) 一時所得の例示

一時所得には、次のようなものが該当します。

㋐懸賞や福引きの賞金品	㋑競馬や競輪の払戻金
㋒生命保険契約に基づく一時金	㋓一時養老保険の満期受取金
㋔損害保険契約に基づく満期返戻金	㋕法人から贈与された金品
㋖借家の立退料	㋗遺失物拾得者の受ける謝礼金
㋘マンション建設の承諾料	㋙時効による資産の取得

ただし、㋐には、宝くじやスポーツくじは含まれません。なぜなら、宝くじなどは、全売上げに占める配当に回される割合が約５割以下で、残りのほとんどが国等に回収されるからです。これに対し、㋑については、配当に回される割合を約７割と高く設定し、その代わりにもうけた人が税金を負担する仕組みにしたからです。㋑については、次項もご参照ください。

また、㋐や㋕については、業務に関連して受けるもの、継続して受けるものは一時所得から除かれます。さらに、㋒や㋓についても、心身に加えられた損害や、突発的な事故により資産に加えられた損害に基づいて取得する保険金、損害賠償金、慰謝料などは、所得税を課さないこととされているため、ここには含まれません。

名目だけで判断できないところも、所得区分の難しいところです。

(3) 一時所得の計算方法

一時所得は、次の算式により計算します。

一時所得の金額※①＝　総収入金額　－
収入を得るために支出した金額※②－　特別控除額※③

※①　一時所得は総合課税の対象とされるが、担税力の低い偶発的、恩恵的な所得であるため、その1／2のみが課税の対象とされる。
※②　収入を得るために直接要した費用に限られる。
※③　最高50万円。

一時所得は、担税力が低いと考えられるために、最大50万円の特別控除があるうえ、課税の対象が一時所得の金額の2分の1に軽減されます。そのため、納税者は一時所得を、税務署が一時所得以外の所得を主張する紛争事例が数多くあります。

それでは、ここでクイズです。

Kさんは、自らの法律事務所を設置する弁護士です。この度、法律事務所のために賃借していた建物を明け渡したことに伴って、賃貸人から立退料を受け取りました。

所得税編

Ｋさんは、この立退料は、弁護士の職務とは全く関係のない収入であり、事業所得ではなく一時所得に該当すると考えています。

この立退料は、一時所得といえるでしょうか。

これも実際にあった事案です。

所得税法施行令94条1項2号には、次の規定があります。

> 94条　不動産所得、事業所得、山林所得又は雑所得を生ずべき業務を行なう居住者が受ける次に掲げるもので、その業務の遂行により生ずべきこれらの所得に係る収入金額に代わる性質を有するものは、これらの所得に係る収入金額とする。
>
> （略）
>
> 二　当該業務の全部又は一部の休止、転換又は廃止その他の事由により当該業務の収益の補償として取得する補償金その他これに類するもの

本件の争点は、この立退料が、Ｋさんの収入金額に代わる性質を有するかどうかです。Ｋさんは、この立退料は必要経費の補填（ほてん）であって、収入金額に代わる性質を持つものではないと主張しました。

しかし、裁判所は次のとおり、この立退料を事業所得の収入金額であると判断しました。

弁護士事務所の維持管理は、弁護士の事業に該当する

本件立退料は、事務所移転に際して増加する弁護士事務所の維持管理費を補填するものである

したがって、事業所得に係る収入金額となる

裁判所は、直接に収入を補填するものだけでなく、必要経費の補填も事業所得の収入に当たると判断したことになります。

一時所得の例示に借家の立退料が挙げられていますが、その性質によっては、事業所得などに該当するものがあります。立退料などの名目にこだわらず、金品を受け取った理由も考慮して所得分類をするよう心掛けてください。

馬券のもうけって？

競馬の馬券が的中したら？

(1) Oさんの「もうけ」

競馬のような、ギャンブルでもうけた場合でも、所得税はかかります。そして、もうけた人は、確定申告をしなければなりません。

さて、ここでクイズです。Oさんは、確定申告をする必要があるのでしょうか？

> Oさんは、競馬が大好きです。毎週、スポーツ新聞を握りしめて、競馬場を訪れます。そんなAさんは几帳面（きちょうめん）な性格で、競馬の1年間の収支を記録しています。
>
> この年の収支は、
>
> 的中金額　　300万円
>
> 馬券購入金額　400万円（うち的中した馬券の購入金額5万円）
>
> で、トータル100万円の赤字となりました。

Ｏさんは、競馬でもうけたら確定申告が必要だということは知っていますが、この年は赤字なので、申告する必要はないと考えています。

問題を整理します。Ｏさんは、

的中金額　－　馬券購入金額　＝　もうけ

だと考えています。したがって、Ｏさんの考えるこの年のもうけは△100万円、つまり100万円の赤字になるので、確定申告をする必要はないと考えたのです。

それでは、解答です。

Ｏさんは、確定申告をしなければなりません。Ｏさんのもうけは、

300万円　－　５万円　＝　295万円

となります。

解答を聞いたＯさんは、納得がいきません。なぜなら、計算上もうかったというだけで、現実には手元にお金はないのです。Ｏさんは、少し税金のことを勉強したことがあり、そこでは、担税力、すなわち税金を払う力のない人からは税金は取らないと聞いた記憶があります。そこで、税務職員に質問してみました。

「もうかっていないのに、なぜ税金を払わなければならないのですか？」

(2) 解　　説

競馬のもうけは、一般的には一時所得とされます。競走馬は、動物です。あなたが馬券を購入したからといって、勝つことが約束されることはありません。レースの結果は、すべて時の運、偶然の産物です。つまり、偶然にレースが的中したことによってもうけを得たので、一時所得に分類されるのです。クイズの懸賞金などと同じように考えます。

Ｏさんが「もうかっていない」と考えるのは、競馬の的中金額から購入したすべての馬券の金額を控除しているからですが、残念ながらその考え方が間違っています。

ハズレ馬券は、馬券を的中させることに何の貢献もしていない。

必要経費の考え方は別項で解説していますが、一般的にギャンブルは、個人の趣味だと考えられています。そのため、馬券の購入は全般的に「趣味のための支出＝家事費」ととらえられるのです。ただし、一時所得であっても、そのもうけを得るために支出した費用は、経費として認められます。いい方を変えれば、一時所得の必要経費は、そのもうけを得るために直接に必要であった支出しか認められないのです。

的中した馬券は、それを購入しなければ賞金を得ることはできなかった、すなわち馬券の購入と賞金の獲得には因果関係があるので、必要経費になります。これに対し、ハズレ馬券の場合、その購入によって賞金を獲得したわけではない、すなわち馬券の購入と賞金の獲得に因果関係がないので、必要経費とは認められません。そのためOさんのもうけは、1年間の的中金額300万円から、その的中馬券の購入金額5万円を必要経費として差し引いた295万円となるのです。

1年間の競馬の収支にかかわらず、ハズレ馬券の購入費用は必要経費にはなりません。もらった賞金で、豪華な食事をしたり、旅行をしたりした場合に、これらの支出が必要経費にならないのと同様、ハズレ馬券の購入はあくまで趣味のための支出と考えられるからです。

最近では、馬券の購入もインターネットによるものが増えています。データも残るので、誰がどれだけもうけたかが比較的つかみやすくなっています。競馬のような趣味の世界でも、もうけがあれば所得税が課税されることを覚えておいてください。

こんな場合は？

(1) Oさんのもうけはいくら？

さて、所得税を納めることになったOさん。なぜか闘志に火がついたようで「もっと競馬でもうけてやる」と、以前より競馬にのめりこむようになりました。

そしてついにOさんは、馬券を自動的に購入するソフトウエアを使用して、年間を通じてほぼすべてのレースの馬券を購入しました。そのソフトは、市販されていたものにOさんの経験から考えた独自の条件などを入れて作り上げたものです。そのソフトのおかげで、年間を通じて利益を得られるようになりました。

Oさんの3年間の収支は、次のとおりとなっています。

年	的中金額	馬券購入総額	収支差額	うち的中馬券購入額	的中馬券収支差額
×1年	1億円	9,000万円	1,000万円	1,000万円	9,000万円
×2年	2億円	1.8億円	2,000万円	4,000万円	1.6億円
×3年	2.5億円	2.2億円	3,000万円	5,000万円	2億円
合計	5.5億円	4.9億円	6,000万円	1億円	4.5億円

ここでもOさんは、税金のことで頭を抱えています。というのも、先ほどの税務職員の話を覚えているからです。

ハズレ馬券は必要経費にならない…

この話をもとに、Oさんは、各年の所得税および住民税の額を計算してみました。すると……。

年	①的中馬券収支差額	②所得税・住民税の額	③馬券購入総額との収支差額	②－③
×1年	9,000万円	2,000万円	1,000万円	△1,000万円
×2年	1.6億円	4,000万円	2,000万円	△2,000万円
×3年	2億円	5,000万円	3,000万円	△2,000万円
合計	4.5億円	1.1億円	6,000万円	△5,000万円

税金の計算上は、3年間で4.5億円もうけたことになり、納付すべき税額は1.1億円になります。ただ、Oさんの手元に残ったお金は6,000万円、ここから税金を納付すれば、手元にお金が残らないばかりか、多額の借金を背負うことにもなりかねません。

配当率の高いソフトを開発したばかりに、かえって多額の借金を背負うことになるかもしれない……。そう考えると恐怖すら覚える日々をOさんは過ごしています。

(2) 解　説

これは、フィクションではありません（ただし、金額は異なります）。Oさんは脱税をしたとして起訴されたのです。

裁判での具体的な争点は、Oさんの脱税額はいくらになるかという点です。検察は、馬券の的中にかかる所得は、偶然の結果によるものであるから一時所得であると主張し、一時所得である以上ハズレ馬券は必要経費にならないとして、脱税の額は1.1億円だとしました。

これに対しOさんの弁護人は、本件における所得は雑所得に分類されるべきであり、ハズレ馬券を含め1年間における馬券の購入金額全額が控除の対象になるなどと主張しました。

裁判所は、Oさんの脱税の罪は認めましたが、本件のような馬券の購入方法による所得は、一時所得ではなく、雑所得に該当すると判断し、そうすると、ハズレ馬券の購入費用も、これらの所得を生ずべき業務について生じた費用の額であるとして、必要経費になるとしました。これにより、Oさんの納付すべき税額等は、次のようになりました。

年	①馬券購入総額との収支差額	②所得税・住民税の額	①－②
×1年	1,000万円	100万円	900万円
×2年	2,000万円	260万円	1,740万円
×3年	3,000万円	480万円	2,520万円
合計	6,000万円	840万円	5,160万円

Oさんの手元には、約5,000万円が残ることとなりま

した。

執行猶予のついた懲役刑が科されていますが、実質的にはOさんは救済されたとみてよい判決だといえるでしょう。

通達の存在

実は、馬券の払戻金については、国税庁が所得税基本通達において、一時所得であると公表してきました。これは、

① 馬券購入行為が各競走の結果に対して何ら影響力を有するものではなく、競走の結果も偶然が作用するものであるから、馬券購入行為と払戻金を生じさせる競走結果との間には因果関係がない ② 競馬とはギャンブルであって、生計を立てるためにこれを利用することは想定し難いものであり、むしろ余暇に楽しむ娯楽として認識されている

といった理由によるものです。

ところで、この通達ができたのは、1970年（昭和45年）、今から50年も前のこと。当時は、現金を持って競馬場へ足を運び、窓口で直接馬券を購入し、的中した馬券の払戻しを現金で受ける、といったスタイルでした。したがって、この通達の法解釈は一般的に妥当なものであったといえるでしょう。

しかし、その後時代は急速に進歩しました。インターネットの普及、さらにAI技術の進展はこれに拍車をかけ、50年前には想像もできなかった利益を生み出す方法が考えられています。それは、競馬においても同じです。インターネットとソフトを駆使し、レースを見なくても自動的に全レースの馬券をソフトが選別して勝手に購入するという現スタイルを、誰が想像したでしょう。

時代が変われば、法律の解釈も変わっていくものです。税法においても、その時代に適合した解釈がなされなければなりません。その意味では、この裁判所の判断は、通達の法解釈を硬直的に当てはめようとする国税庁のあり方に、警鐘を鳴らしたものともいえそうです。

税務行政編

① 「税務当局との見解の相違」それって脱税？
　（税金の難しさⅠ）
② 税金は誰が計算しても同じでしょ？
　（税金の難しさⅡ）
③ 税金の特例って？（原則と例外Ⅰ）
④ 要件を一つでもクリアできなかったら？
　（原則と例外Ⅱ）
⑤ 税務調査って脱税犯を捕まえるんでしょ？
　（税務調査Ⅰ）
⑥ 税務署の処分に納得できないときは？（税務調査Ⅱ）
⑦ もうわかった？「見解の相違」の意味（税務調査Ⅲ）
⑧ 税務署で聞いたとおりに申告したのに？
　（信義則違反）

「税務当局との見解の相違」それって脱税？

税務当局との見解の相違？

「当社と税務当局との見解に相違がありましたが、最終的には税務当局の指摘に従って修正申告を行いました」……ニュースでよく耳にするフレーズです。税金のことがよくわかっていない人にとっては、税金をごまかした人の言い訳にしか聞こえないかもしれません。

しかし、税務調査の現場では、税務当局と納税者の見解が対立するのが当たり前。納税者の主張が正しいケー

スだって、相当にあるのです。
そもそも、税金の計算は法律に従って行われているはず。誰が申告をしても同じ結果になるはずなのに、なぜそんなに多くの見解の相違があるのでしょう。
そこが税金の難しさであり、面白さでもあります。ここでは、その理由を解説します。

納税者に求められる判断

わが国の主な税金には、申告納税制度が導入されています。この制度は、納税者が自分で税額を確定し、申告書を提出するという仕組みになっています。申告書を作成するためには、税法の規定に従った経理処理をしなければなりません。
そこで、青果店を営むAさんの日常から、どれほどの取引に税法の規定が影響しているかをみていきましょう。

1) ある日、Aの店に、友人のBがりんごを買いに来た。
店では、りんごを通常1個100円（仕入れた金額は1個40円）で売っている。
この日はBが友人ということで、1個60円に値引きして10個600円で売った。
2) 次の日からは、3日間青果店組合の研修旅行に。
研修旅行の目的は、地域の農家の視察となっているが、旅行の大半は地域の観光地を巡るもので、旅行代金は10万円であった。

3) 旅行から帰った翌日、店に並べる野菜の陳列棚を20万円で購入。

4) この年中に、店と自宅を兼ねた中古建物付きの土地を購入。

その資金は銀行から借り入れた。返済期間は20年である。

建物は、建築後21年経過した軽量鉄骨造2階建てで、1階を店、2階を自宅として使用している。

5) この建物で使用した水道代や電気代は、店と自宅の分がまとめて請求されており、この年は30万円を支払っている。

6) この年に妻Cと離婚、10年前に500万円で取得した土地をCに財産分与した。

土地の相続税評価額は1,400万円、固定資産税評価額は1,200万円であり、近隣の土地は最近2,000万円程度で取引された。

7) 趣味は競馬とサッカーの観戦で、馬券やスポーツくじを購入している。

この年の馬券の的中金額は45万円（馬券の購入金額は60万円、そのうち的中馬券の購入金額は15万円）、スポーツくじの当選金額は10万円（スポーツくじの購入金額は20万円、そのうち的中くじの購入金額は1万円）である。

1)～7）の中から、税法の規定が影響を及ぼす取引をいくつ発見できましたか？

正解の箇所にアンダーラインを引きます。

1) ある日、Aの店に、友人のBがりんごを買いに来た。店では、りんごを通常1個100円（仕入れた金額は1個40円）で売っている。
この日はBが友人ということで、1個60円に値引きして10個600円で売った－①。

2) 次の日からは、3日間青果店組合の研修旅行に。研修旅行の目的は、地域の農家の視察となっているが、旅行の大半は地域の観光地を巡るものでー②、旅行代金は10万円であった。

3) 旅行から帰った翌日、店に並べる野菜の陳列棚を20万円で購入ー③。

4) この年中に、店と自宅を兼ねた中古建物付きの土地を購入。
その資金は銀行から借り入れた。返済期間は20年である。
建物は、建築後21年経過した軽量鉄骨造2階建てでー④、1階を店、2階を自宅として使用している。

5) この建物で使用した水道代や電気代は、店と自宅の分がまとめて請求されておりー⑤、この年は30万円を支払っている。

6) この年に妻Cと離婚、10年前に500万円で購入した土地をCに財産分与したー⑥。
土地の相続税評価額は1,400万円、固定資産税

税務行政編

評価額は1,200万円であり、近隣の土地は最近2,000万円程度で取引された－⑦。

7) 趣味は競馬とサッカーの観戦で、馬券やスポーツくじを購入している。

この年の馬券の的中金額は45万円（馬券の購入金額は60万円、そのうち的中馬券の購入金額は15万円－⑧）、スポーツくじの当選金額－⑨は10万円（スポーツくじの購入金額は20万円、そのうち的中くじの購入金額は1万円）である。

アンダーラインを引いたのは9箇所です。何が問題なのかというと……。

① 友人という理由でりんごを600円に値引きすることは「家事消費」に当たる

② 旅行の目的から考えて必要経費とは認められない（参照88頁以下）

③ 30万円未満の備品の購入は少額減価償却資産に該当する

④ 軽量鉄骨造の中古建物は、建築後20年以内の物件に限っていわゆる住宅ローン控除の対象となるので、この建物には適用されない

⑤ 「家事関連費」に該当するため事業用と家事用との合理的な按分が必要となる（参照92頁以下）

⑥ 財産分与は贈与税の対象ではないが、分与した土地の時価が購入価額を上回る場合は譲渡所得が発生

し、分与者（この場合A）に所得税が課税される（参照126頁以下）
⑦　⑥の譲渡所得の計算においては、財産分与した土地の時価を算定する必要がある
⑧　当たり馬券の配当金は一時所得となり、所得税が課税される（参照158頁以下）
⑨　スポーツくじの当選金額には、所得税は課税されない（参照154頁）

①**家事消費**や、⑤**家事関連費**など、聞きなれない言葉が並びます。そのほかにも、

- **②はなぜ経費にならないの？**
- **⑥は土地をもらった人に税金がかかるんじゃないの？**
- **⑧⑨は、なぜ違うの？**

といった疑問の声が聞こえてきそうです。これら質問には、他の項目でお答えすることとして、ここでは、日常の取引に税法の規定が影響していることを実感してください。

自分はサラリーマンだから関係ないというあなたも、

- **④住宅の購入**
- **⑥⑦財産分与**
- **⑧⑨馬券とスポーツくじ**

などを経験することはあり得ます。また、副業をしている人には、①②③⑤も関係することになります。

見解の相違の原因

税法の規定が日々の取引に影響するとしても、見解の相違が起こる理由は、それだけではありません。見解の相違は、

- 複雑な税法の規定
- 難解な税法の解釈
- 財産の評価

が障壁となって起こります。

複雑な税法の規定

先の事例において、Aさんは銀行から資金を借り入れて、店と自宅を兼ねた中古建物付きの土地を購入していましたね。自宅部分については、いわゆる住宅ローン控除を受けられるかどうか判断する必要があります。

それではここで、次の住宅ローン控除に係る租税特別措置法の規定を読破してみてください。

（住宅借入金等を有する場合の所得税額の特別控除）
第41条　個人が、国内において、住宅の用に供する家屋で政令で定めるもの（以下第26項までにおいて「居住用家屋」という。）の新築若しくは居住用家屋で建築後使用されたことのないもの若しくは建築後使用されたことのある家屋（耐震基準（地震に対する安全性に係る規定又は基準として政令で定めるものをいう。第30項において同じ。）又は経過年数基準（家屋の構造に応

じた建築後の経過年数の基準として政令で定めるものをいう。同項において同じ。）に適合するものに限る。）で政令で定めるもの（以下第26項まで及び第30項において「既存住宅」という。）の取得（配偶者その他その者と特別の関係がある者からの取得で政令で定めるもの及び贈与によるものを除く。以下この項、第10項及び第30項において同じ。）又はその者の居住の用に供する家屋で政令で定めるものの増改築等（以下この項、第３項、第５項、第６項、第９項、第11項、第13項から第15項まで及び第26項並びに次条において「住宅の取得等」という。）をして、これらの家屋（当該増改築等をした家屋については、当該増改築等に係る部分。以下この項、第６項及び第９項において同じ。）を平成11年１月１日から令和３年12月31日までの間にその者の居住の用に供した場合（これらの家屋をその新築の日若しくはその取得の日又はその増改築等の日から６月以内にその者の居住の用に供した場合に限る。）において、その者が当該住宅の取得等に係る次に掲げる借入金又は債務（利息に対応するものを除く。次項から第10項まで、第13項、第16項、第19項及び第29項並びに次条において「住宅借入金等」という。）の金額を有するときは、当該居住の用に供した日の属する年（第３項及び第４項並びに次条において「居住年」という。）以後10年間（同日（以下この項及び第４項において「居住日」という。）の属する年が平成11年若しくは平成12年である場合又は居住日が平成13年１月１日から同年６月30日までの期間（同項及

税務行政編

び次条第３項第１号において「平成13年前期」という。）内の日である場合には、15年間）の各年（当該居住日以後その年の12月31日（その者が死亡した日の属する年にあっては、同日。次項、第６項、第10項、第13項及び第16項並びに次条第１項において同じ。）まで引き続きその居住の用に供している年に限る。第４項において「適用年」という。）のうち、その者のその年分の所得税に係るその年の所得税法第２条第１項第30号の合計所得金額が３千万円以下である年については、その年分の所得税の額から、住宅借入金等特別税額控除額を控除する。
（以下省略）

いかがでしょうか。条文の内容は理解できましたか？ 最後まで読めましたか？　税法は、この国で一番難解な法律だといわれていますが、この条文の中に、住宅ローン控除を受けるための要件などが記されています。わかりやすくするために、条文にアンダーラインを引きました。抜粋してみます。

第41条　個人が、国内において、住宅の用に供する家屋で政令で定めるものの新築若しくは居住用家屋で建築後使用されたことのないもの若しくは建築後使用されたことのある家屋で政令で定めるものの取得をして、これらの家屋を平成11年１月１日から令和３年12月31日までの間にその者の居住の用に供した場合において、その者が当該住宅の取得等に係る借入金の金額を有するときは、当該居住の用に供した日の属する年以後10年間の各年のうち、その者のその年分の所得税に係るその年の合計所得金額が3千万円以下である年については、その年分の所得税の額から、住宅借入金等特別税額控除額を控除する。

住宅ローン控除の概要は、なんとかつかめたのではないでしょうか。ただ、これだけでは、住宅ローン控除の適用ができるかどうか、まだ判断はできません。

Aさんが購入したのは中古建物ですから、条文にあるとおり「政令で定めるもの」かどうかを確認するために、さらに次の租税特別措置法施行令26条をみる必要があります。

（住宅借入金等を有する場合の所得税額の特別控除）
第26条
2　法第41条第1項に規定する……政令で定めるものは、家屋が建築された日からその取得の日（同項に規定する取得の日をいう。）までの期間が20年（当該家屋が耐火建築物（登記簿に記録された当該家屋の構造が鉄骨造、鉄筋コンクリート造、鉄骨鉄筋コンクリート造その他の財務省令で定めるものである建物をいう。）である場合には、25年）以下であることとし、……。

二つの条文を確認しました。この条文には、「耐火建築物である場合には25年以内」、耐火建築物とは「家屋の構造が鉄骨造、……」と規定されています。「軽量鉄骨造」であるAさんの建物は、建築後21年が経過していました。

20年　≦　21年　≦　25年

鉄骨造であれば25年以下ですから対象に、鉄骨造に該当しなければ20年を超えるので対象とはなりませんが、軽量鉄骨造は鉄骨造に含まれる？　含まれない？

正解は、先に記載のとおり「対象にはならない」ですが、条文中に「鉄骨造には軽量鉄骨造は含まれない」などと書かれていませんし、実際に不動産業者が誤った取扱いをして、建物の購入者から損害賠償を請求された事例もあるほど、申告誤りが相当にあるケースです。

このように、複雑な税法の規定を理解しなければならないところに、税金の難しさがあります。

 税金は誰が計算しても同じでしょ？

難解な税法の解釈

(1) 想像以上に難しい解釈

複雑な税法の規定を、最後まで読むだけでも、一般の人には相当難しいのですが、それ以上に厄介なのが、税法の文言を解釈することです。解釈とは、法律に記載された文言をどのように理解するかということです。

例えば、所得税法には「生計を一にする」という文言がよく使われます。

> （事業から対価を受ける親族がある場合の必要経費の特例）
> 第56条　居住者と生計を一にする配偶者その他の親族がその居住者の営む不動産所得、事業所得又は山林所得を生ずべき事業に従事したことその他の事由により当該事業から対価の支払を受ける場合には、その対価に相当する金額は、その居住者の当該事業に係る不動産所得の金額、事業所得の金額又は山林所得の金額の計算上、必要経費に算入しないものとし、……。

この条文は、個人事業者が「生計を一にする」配偶者や親族に給与を支払った場合に、その給与の額を必要経費にすることができないことを規定したものです。

条文では、生計を一にするとだけ規定されていますが、これがどのような状態をいうのかは、必ずしも明確ではありません。同居する家族をイメージする人もあれば、別居の場合もこれに含まれると考える人もあるなど、人によってその理解が違うでしょう。

国税庁はホームページ上で、「生計を一にする」について、次のような解釈を示しています。

> **「生計を一にする」とは、必ずしも同居を要件とするものではありません。例えば、勤務、修学、療養等の都合上別居している場合であっても、余暇には起居を共にすることを常例としている場合や、常に生活費、学資金、療養費等の送金が行われている場合には、「生計を一にする」ものとして取り扱われます。**
>
> **なお、親族が同一の家屋に起居している場合には、明らかに互いに独立した生活を営んでいると認められる場合を除き、「生計を一にする」ものとして取り扱われます。**

なるほど、同居を要件とするものではなく、別居の場合でも、生活費を負担していれば、この要件に該当するようです。しかし、生活費の負担といっても、どの程度の負担をいうのでしょう？　また、これをみると、同居の場合であっても生計を一に該当しないケースもあるようです。

解釈の難しさは、人によってその理解が異なるところにあります。事実、国税庁がこのような解釈を示していても「生計を一にする」の範囲をめぐる数多くの裁判例があります。結局は、納税者が自らの状況や事情に当てはめて、法律の文言を理解するしかありません。

「住所」という簡単な文言でさえ、その解釈は簡単ではないようです。次では、「住所」の解釈をめぐる大事件を紹介します。

(2) 武富士事件

武富士事件をご存知でしょうか。

贈与税の申告もれによって、贈与税額1,157億円、その他に延滞税などの加算を含めなんと1,330億円もの税額が争われた事件。当時大きく報道されました。

- Aは、平成9年6月から平成12年12月までの期間、会社の役員として香港に滞在していた。その間には、月に一度は日本に帰国しており、香港と日本の滞在割合は「香港65%：日本35%」であった。
- Aは、香港に滞在中の平成10年3月、両親から外国にある会社の株を贈与された。
- 相続税法には「贈与によって財産を取得した時に、日本に住所を有するものには贈与税を課税する」ことが規定されていた。
- Aは、自分の住所は香港にあるから、贈与税を納める義務はないと考えている。

当時の条文はこちら。

（贈与税の納税義務者）
第１条の２　左に掲げる者は、この法律により、贈与税を納める義務がある。
一　贈与……に因り財産を取得した個人で当該財産を取得した時においてこの法律の施行地に住所を有するもの

争点は、ただ一つ、贈与があった時に、Ａの住所は日本にあったかどうかです。条文にも贈与税を納める義務がある者は「住所を有するもの」と明確に書いてあります。Ａは贈与税を納めなければならない？　それとも納める必要はない？

Ａさんのケースでは、法律に規定する「住所」の意味をどのように解釈するかが争いになりました。普通に使う「住所」という言葉、そんな言葉でさえ税法に当てはめるときには、その解釈が大きな争点になります。「住所」を辞書で調べると「住んでいるところ」「生活の拠点にしている場所」などとありますが、本件では、Ａさんの住所はどこにあったというべきなのでしょう。

武富士事件は、最高裁判所まで争いが続き、最後はＡさんの住所は香港にあると判断されました。そのため、Ａさんに対する処分は取り消され、すでに納めていた1,330億円の税金に加えて、およそ400億円の利息に相当する金額が、国からＡさんに支払われたのです。

国からすれば、大きな痛手となった事件でした。

この裁判で最高裁は、住所とは、各人の生活の本拠を指すものであり、生活の本拠に当たるかどうかは、客観的に生活の本拠という実態があるかどうかによって決めるべきとしています。その上で、本件では、Aさんに贈与税の納税を免れる意図があったとしても、

- **贈与の日を含む約3年半の間香港に滞在していたこと**
- **その期間中約65%に相当する日数を香港で過ごしていたこと**

を理由に、香港に生活の本拠たる実体があることを否定することはできないとして、その処分を取り消したのです。

当時、贈与を受ける側の住所が国内にあるか、あるいは贈与する側の財産が国内にあることが贈与税の課税の要件とされていたため、住所も財産も国外に移転させて贈与税の課税を免れる、いわゆる租税回避の手法が、広く一般に紹介されていました。Aさんも、それを狙ってこのスキームを取り入れたことは間違いないようです。

また、税務当局が、こうした事態に危機感を抱いていたことは簡単に想像がつきます。裁判で税務当局が、贈与税を回避する目的で香港に住所を移転したことは「住所」の認定において十分考慮されなければならない、と主張したように、国としてはこのような租税回避スキームを認めるわけにはいかなかったのでしょう。

裁判所も、住所という普段何気なく使う文言の解釈によって、1,330億円もの課税の成否が決まるのですから、

判断には相当に悩んだことでしょう。現に、一審の東京地方裁判所は最高裁と同様の判断を示しましたが、その控訴審である東京高等裁判所は最高裁とは異なり、Aさんの住所は日本にあると判断するなど、司法の場でもその判断が分かれました。逆にいえば、それほど法律の文言の解釈は難しいのです。

仮定の話ではありますが、もしAさんの香港滞在期間が2年であれば、あるいは滞在割合が50%をわずかに超える程度であったとしたら、裁判所の判断は変わっていたかもしれません。

このように、税金の現場ではよく似た事案はあっても、すべてが同じという事案はありません。それぞれの案件ごとに具体的事実が異なるため、時にその解釈に違いが生じて紛争に至ります。

(3) 通達の存在

税法の解釈にあたっては、法令解釈通達の存在を解説しないわけにはいきません。最初に断っておきますが、通達は法律ではありません。税理士の中にはそのように理解する人がいますが、それは間違いです。

通達とは、国税庁が国税局、税務署、税務職員に対して、税法の解釈や適用の仕方を示すものです。先にみた国税庁の「生計を一にする」の考え方も、所得税基本通達によって示された解釈です。

もし、複雑な税法の解釈や適用を、すべて税務職員の判断に任せれば、いったいどうなるでしょう。国としての統一的な執行は困難になり、現場は大混乱することが目に見えています。そこで、こうした混乱を避けるために、あらかじめ国税庁が法律の解釈や適用の仕方を示し、税務署や税務職員をこの解釈・運用に拘束する仕組みとしているのです。

通達は、国民に対しては拘束力を持ちません。とはいえ、納税者が争わない限り、大多数の運用が、通達にもとづいて行われていることも事実です。また、通達の解釈が法令に適合するとした裁判例は多数ありますから、納税者が無用なトラブルを避けるために、実務的には通達を参考にする必要があるといえます。

ただ、みなさんは、通達が法律ではないこと、その解釈に拘束される必要のないことを頭の隅に留め置いてください。

実は、主な税目の通達は、そのほとんどが50年以上も前に制定されたもので、現在の個別の問題に対して、通達の解釈がない場合や、通達の解釈が当てはまらないケースが生じています。特に、近年わが国は、インターネットの定着、AI技術の進歩、経済社会のグローバル化・ICT化等の流れを受け、取引形態が変化し、新しいビジネスモデルが誕生し、就労形態が多様化するなどめざましい変化を遂げていますが、こうした変化に通達が対応しきれていないというのが現状です。

現代社会は、通達に法律の解釈をゆだねる時代ではなく、法律の文言をその法律ができた趣旨や目的、社会背景などを参考に理解し運用する、そのような時代なのかもしれません。

解釈は時代とともに、変わっていくものです。通達の硬直的な取扱いは、わが国にとっても、国民にとっても、なに一つよいことはありません。

財産の評価

ここでみなさんにクイズです。「Yes」か「No」でお答えください。

税金は誰が計算しても、結果は同じである。

税金には、租税公平主義という原則があります。憲法14条1項の平等取扱原則の考え方を税金に取り入れたもので、課税のうえで同様の状況にある納税者は、同様に取り扱わなければならないという原則です。そうすると、素直に考えれば答えはYesとなるはずです。

この答えはほとんど正解なのですが、しかし100%ではない、そこが税金の難しいところです。例えば、あなたがお父さんから先祖代々伝わる、家宝ともいうべき骨とう品をもらったとします。贈与に当たるので、その骨とう品の価値によっては贈与税がかかるかもしれません。

では、その価値はいったいどうやって決めるのでしょう。酒税など一部の税金を除いて、主要な税金はわが国の通貨「円」で評価します。贈与税の場合には、

{もらった財産の価額（円）－ 110 万円}
× 税率 ＝ 税額（円）

で税額が計算されますが、その前にもらった物を「円」に換算する作業が必要です。この「円」に換算する作業を「評価」といいます。

骨とう品の価値は、人によって違います。ある人は1,000 万円の価値があるといい、またある人は価値がないというかもしれません。そのような物の評価は、当然人によって異なることになり、その結果税額が異なることも起こり得るのです。

評価しなければならない代表的な資産に「土地」や「株式」などがあります。これらの評価をめぐっては、時に数億、数十億円単位での評価の違いが争われることがあります。ある物を「円」に換算する、これがまた相当に難しく、見解の分かれる原因なのです。

税金の特例って？

税金の特例制度

税金には、さまざまな特例制度があります。はたしてどのくらいあるのでしょうか。

会計検査院の「国会及び内閣に対する報告(随時報告)」では、次のように報告されています。

税目	措置件数	うち税負担の軽減等を図るものの件数	報告年次
所得税	169 件	120 件	平成 28 年報告
法人税	116 件	84 件	平成 27 年報告
相続税	35 件	24 件	平成 29 年報告

これをみると、主要な三つの税目を合わせて 320 件、そのうち 228 件が税金がかからない、あるいは税金を低く抑えるといった軽減の制度で、その割合は 7 割を超えます。その内容は、法人や、個人事業者に関係するものが一定の件数を占めますが、それ以外にも一般の方に影響する制度もあります。

みなさんも、いつかどこかできっと利用されるはず。そこで、一般的によく使われる制度の一部を紹介します。

所得税に関する特例制度

① **居住用財産の譲渡所得の特別控除**

いわゆるマイホームを売却した場合に、その売却による利益から3,000万円を控除する制度です。なお、そのマイホームの所有期間が、売却した年の1月1日において10年を超える場合には、別途軽減税率を適用する制度もあります。

② **住宅借入金等を有する場合の所得税額の特別控除**

一般に「住宅ローン控除」といわれる制度です。個人が一定の住宅ローンを有し、住宅の新築、中古取得、増改築等をしてその住宅に居住した場合に、住宅ローン残高に応じた一定の金額を所得税の額から控除する制度です。

③ **既存住宅の耐震改修やバリアフリー工事をした場合の所得税額の特別控除**

個人が居住する家屋の耐震改修やバリアフリー工事をした場合に、一定の金額を所得税の額から控除する制度です。

④ **居住用財産の買換え等の場合の譲渡損失の損益通算及び繰越控除**

個人が居住する住宅を買い換えた場合に、一定の要件のもとで、居住していた住宅の譲渡損失の金額を他の所得と損益通算し、さらに3年内の繰越控除を認める制度です。

相続税・贈与税に関する特例制度

⑤　小規模宅地等についての相続税の課税価格の計算の特例

個人が、相続等によって取得した財産のうち、その相続開始の直前において被相続人等の事業または居住の用に供されていた宅地等のうち一定のものがある場合に、その宅地等の一定の面積までの部分の相続税の評価額を減額する制度です。

⑥　直系尊属から住宅取得等資金の贈与を受けた場合の贈与税の非課税

一定の要件を満たす個人が、居住用の住宅を新築等するための金銭を、その直系尊属から贈与により取得した場合に、住宅資金非課税限度額までの贈与金額が非課税になる制度です。なお、教育資金の一括贈与や、結婚・子育て資金の一括贈与制度もあります。

⑦　贈与税の基礎控除の特例

一般に「110万円」と理解されている贈与税の基礎控除額も、実は特例措置の一つです。相続税法上の基礎控除額は60万円となっており、110万円は特例措置として制度化されています。

このほかにも、さまざまな特例制度があります。税金の申告が必要となった際には、こうした特例制度の適用がないか、確認するようにしてください。

特例制度の役割

ところで、なぜ税金に特例制度が必要なのでしょう。そもそも、税金には「中立性の原則」という大原則があります。これは、税金の制度が個人や会社の経済活動の選択に影響を及ぼしてはいけないとする原則です。

例えば、A車とB車があるとします。A車とB車の性能はほぼ同じ、ただ、A車には10%、B車には5%の消費税をかけると国が決めれば、消費者の大多数はB車を選びますよね。この例のように、ある物を選択する条件や材料に、税金はなってはいけないし、本当はそのような税金の制度を作ってはいけないのです。

とはいえ、消費税の税率を上げれば消費が落ち込んだり、景気の低迷時に減税をすると一定の効果がみられたりと、税金には景気を調整する機能があるのも事実です。そこで、このような税金の機能に着目して、ある政策目的を実現するために国民の経済活動を一定の方向に誘導する目的で、一定の期間を区切って特例制度を設けているのです。コロナ禍において、消費税率の引下げが提案されるのは、まさにこの効果を狙ってのことです。

上記に例示の②③⑥は、国民に住宅の取得を容易にし、同時に住宅投資の活発化を通じて景気に刺激を与えるための措置ですし、エコカー減税は、自動車の取得を促進し、同時に環境対策を図る目的があります。

租税特別措置法の存在

わが国の特例制度の最大の特徴は、一部例外を除いて、大部分が「租税特別措置法」という法律で定められているということです。これは、中立性の原則を根底では守りながら、同時に景気調整機能や、政策目的の実現のために、あくまで特別な措置を例外的に認めるという考えにもとづきます。

租税特別措置法とは、文字通り税金の上での特別な措置を定めた法律です。その特徴は、

① **期限の定めがあること**

② **要件が細かく定められていること**

の二つです。

期限の定めがあること

租税特別措置法に期限の定めがあることは、その措置が恒久的ではなく、あくまで例外的に時期を限定して実施することを示しています。すなわち、期限を定めることによって、その特別な措置は、政策が実現した際には廃止することを明確にしているのです。

そのようにいうと、「えーっ、それホントの話？　住宅ローン控除は、ずっと昔からあるじゃない」という声が聞こえてきそうですが、現在の住宅ローン控除の規定をもう一度みてみましょう。

（住宅借入金等を有する場合の所得税額の特別控除）

第41条　個人が、国内において、住宅の用に供する家屋で政令で定めるものの新築若しくは居住用家屋で建築後使用されたことのないもの若しくは建築後使用されたことのある家屋で政令で定めるものの取得又はその者の居住の用に供する家屋で政令で定めるものの増改築等をして、これらの家屋を平成11年1月1日から令和3年12月31日までの間にその者の居住の用に供した場合において、……その年分の所得税の額から、住宅借入金等特別税額控除額を控除する。

法律では、その期限が令和3年12月31日までとなっていますね。このように、住宅ローン控除にも、その期限があるのです。

住宅ローン控除は、ずっと昔からあったような記憶がありませんか？

みなさんのその記憶は正しいです。実は、住宅ローン控除は、1972年（昭和47年）の創設以来、48年間ずっと存在しています。2008年（平成21年）分以後の、住宅ローン控除の状況は次のとおりです。

●一般住宅の場合の住宅ローン控除特例の適用限度額等（平成21年分以降）

<table>
<tr><th colspan="2">居住開始年月等</th><th>適用限度額</th><th>控除率等</th><th>適用期間</th><th>各年の控除限度額</th><th>最大控除可能額</th></tr>
<tr><td colspan="2">平成21年・22年</td><td>5,000万円</td><td rowspan="5">1%</td><td rowspan="5">10年間</td><td>50万円</td><td>500万円</td></tr>
<tr><td colspan="2">23年</td><td>4,000万円</td><td>40万円</td><td>400万円</td></tr>
<tr><td colspan="2">24年</td><td>3,000万円</td><td>30万円</td><td>300万円</td></tr>
<tr><td colspan="2">25年1月～26年3月</td><td>2,000万円</td><td>20万円</td><td>200万円</td></tr>
<tr><td rowspan="3">26年4月～令和3年12月</td><td>（注）
特定取得の場合</td><td rowspan="2">4,000万円</td><td>40万円</td><td>400万円</td></tr>
<tr><td>このうち、居住開始が令和元年10月～2年12月で消費税率10%が適用されている場合</td><td>1%
11～13年目は建物購入価格（4,000万円を限度）の2%÷3を限度</td><td>13年間</td><td>1～10年目
40万円
11～13年目
約26.6万円</td><td>約480万円</td></tr>
<tr><td>特定取得以外の場合</td><td>2,000万円</td><td>1%</td><td>10年間</td><td>20万円</td><td>200万円</td></tr>
</table>

（注）特定取得とは、住宅の取得等の対価の額又は費用の額に含まれる消費税が8%又は10%の税率で計算されているときの住宅の取得等をいう。

【会計検査院「平成30年度決算検査報告」より抜粋】

注意してほしいのは、適用限度額や、適用期間、控除限度額などの条件が年によって異なっているという点です。このことから、この特例は恒久的な制度ではなかったといえるのです。

租税特別措置法上の特例制度は、期限が定められていますが、その期限が到来してもまだ政策目的が達成されていないと判断される場合には、措置が延長されることがあります。住宅ローン控除の条件が年によって違っているのは、国会で審議され、条件を変えるなどの改正が入って延長されたことを意味しています。先ほどの条文が、令和3年12月31日になっているのも、最近改正が入ったことの証（あかし）です。

それにしても、48年間も続いていながら、いまだに住宅の取得を容易にするという目的は達成できていないとは、いったいどういうことなのでしょうね（笑）。

延長というと、簡単なことのように聞こえますが、実際に、法律の延長が国会で議決されず、租税特別措置が期限切れになったこともあります。2008年3月31日、ガソリン税等の暫定（ざんてい）税率を10年延長する法案が可決されず、暫定税率が期限切れとなったことがありました。これにより、ガソリンの価格が乱高下し、ガソリンスタンドに長蛇の列ができたことを、ご記憶の人も多いのではないでしょうか。租税特別措置法が、期限を定めた法律であることを再認識する事件となりました。

要件を一つでもクリアできなかったら？

要件が細かく定められていること

特例制度のもう一つの特徴は、適用要件が細かく定められていることです。

それでは、住宅ローン控除を例に、どれほど細かく要件が定められているのか、みてみましょう。

	要　件
①	新築又は取得の日から６か月以内に居住の用に供し、適用を受ける各年の 12 月 31 日まで引き続いて住んでいること。
②	この特別控除を受ける年分の合計所得金額が 3,000 万円以下であること。
③	新築又は取得をした住宅の床面積が 50 平方メートル以上であり、床面積の２分の１以上の部分が専ら自己の居住の用に供するものであること。
④	10 年以上にわたり分割して返済する方法になっている新築又は取得のための一定の借入金があること。
⑤	居住の用に供した年とその前後の２年ずつの計５年間に、居住用財産を譲渡した場合の長期譲渡所得の課税の特例などの適用を受けていないこと。

⑥	中古住宅の場合は、取得した住宅が次のいずれにも該当するものであること。 (ア) 建築後使用されたものであること。 (イ) 次のいずれかに該当する住宅であること。 ・家屋が建築された日からその取得の日までの期間が20年（マンションなどの耐火建築物の建物の場合には25年）以下であること。 ・地震に対する安全上必要な構造方法に関する技術的基準又はこれに準ずるもの（耐震基準）に適合する建物であること。 ・平成26年4月1日以後に取得した中古住宅で、一定のもののうち、家屋が耐震基準に適合することにつき証明がされたものであること。 (ウ) 取得の時に生計を一にしており、その取得後も引き続き生計を一にする親族や特別な関係のある者などからの取得でないこと。 (エ) 贈与による取得でないこと。

ここに挙げたのは、住宅ローン控除の要件の主なものです。住宅ローン控除を適用する場合には、少なくともこれらの要件をクリアしなければなりません。

「引き続き住んでいる」とは？

住宅ローン控除の要件の一つに「適用を受ける各年の12月31日まで引き続いて住んでいること」があります。

それではここでクイズです。Oさんは、2020年以後も住宅ローン控除を受けられるでしょうか？

【Q－1】

国家公務員のOさんは独身です。2019年、住宅ローン控除の要件をすべて満たす家屋をY市に新築し、その控除を受けました。ところが、2020年の人事異動で遠方のZ市へ転勤となり、やむなく職場の宿舎に住むことになりました。ただ、Oさんは、すぐに人事異動でY市に戻るだろうと、住所をこの家屋に置いたままにし、実際に週末にはここで過ごしていました。このような状況で、Oさんは、2020年以後も、住宅ローン控除を受けられるでしょうか。

【Q－2】

Oさんに家族があり、家族はこの家屋に居住し、Oさんが Z市に単身赴任をした場合はどうでしょうか。

これは、実際の紛争事案です。Oさんは、国家公務員ですから、数年ごとに全国を転勤しなければなりません。また、Oさんに限らず、自宅を離れて単身赴任をすることもあるサラリーマンにとっては、身近な問題だといえます。

裁判でOさんは、

・銀行の預金通帳等の住所をY市に集中させ、町内会費も支払い、選挙権もY市で行使するなど、通勤以外の生活については、すべてY市民として行動している

・住宅ローン控除が住民税からの控除もできることからみて、納税地は、住民票があり、住民税を納めているY市である
・Z市の宿舎については賃借していたにすぎない
・全国転勤が予定されている国家公務員にとっては、特定の場所を本拠地として定め、そこから赴任先に必要最小限の荷物を持って異動することとすることには合理性がある
・Y市の自宅は、単に余暇を過ごすための場所ではなく、生涯の生活基盤となるものである

と主張しました。これに対し裁判所は、

・「住所」とは生活の本拠、すなわち、その者の生活に最も関係の深い一般的生活、全生活の中心を指すものであり、一定の場所がある者の住所であるかどうかは、客観的に生活の本拠たる実体があるかどうかにより決めるべきである
・宿舎にはテレビ、洗濯機等の日常生活に必要な物を備え付け、郵便物も本件家屋からの転送により受領している
・ガス量および水道量をZ市の宿舎とY市の自宅とを比較しても、いずれもZ市の宿舎における使用が90%以上と大部分を占めている
・居住要件を満たすかどうかは、居住者が実際にその家屋に居住して生活し続けている事実があるかどう

税務行政編

かによって判断すべきである
・これらのことから、Oの客観的な生活の本拠はZ市の宿舎であったということができる

として、住宅ローン控除の適用を認めませんでした。Oさんはこの判決を不服として、高裁さらには最高裁の判断を求めましたが、いずれも主張は認められませんでした。

中には、複数の家屋を所有している人もいるものですが、住宅ローン控除適用の可否は、住民票がどこにあるかといった形式ではなく、どこで寝起きし、生活しているかという実質で判定することになります。

それでは、【Q－2】はどうでしょうか？

実は、Oさんに家族があり、家族がこの家屋に住んでいる場合には、住宅ローン控除が認められます。国税庁ホームページでは、そのことが次のように記されています。

家屋の所有者が、転勤、転地療養その他のやむを得ない事情により、配偶者、扶養親族その他生計を一にする親族と日常の起居を共にしない場合において、その住宅の取得等の日から6か月以内にその家屋にこれらの親族が入居し、その後も引き続き居住しており、当該やむを得ない事情が解消した後はその家屋の所有者が共にその家屋に居住することと認められるとき

は、その家屋の所有者が入居し、その後もその家屋の所有者が引き続き居住しているものとして取り扱われ、この特別控除等の適用を受けることができます。

租税特別措置法41条には、このことが明確に規定されているわけではありませんが、41条の解釈としてこれを認めることとしているのです。

家屋の所有者がその家屋に居住していないとはいえ、その理由が会社命令等によるものであり、しかも家族がその家屋に居住しているという事情を考慮すれば、その家屋の所有者が居住しているのと同様の状況にあるというのでしょう。

逆に、独身者の場合は、その状況にはないというのですね。強制的に転勤させられた独身者には、少し酷な判断だとも思われますが、住宅ローン控除の目的が、国民に住宅の取得を容易にするための措置であることを考えると、居住しない家屋の取得にまでその範囲を広げることは許されないということになるようです。

この法律の趣旨がよくわかる事例を、もう一つ紹介します。

Mは、2年前に自宅兼事業所を新築し、住宅ローン控除の適用を受けた。取得時には、自宅と事業所の割合は60：40であったが、今年になって、事業を拡大するために自宅の一部を事業所に改装し、その割合は40：60となった。

Ｍは今年住宅ローン控除を適用することができるであろうか。

それでは正解です。

残念ながら、Ｍさんは、今年から住宅ローン控除を適用できないこととなります。

住宅ローン控除は、家屋の床面積の２分の１以上の部分が、専ら自己の居住の用に供するものであることを要件としています。Ｍさんは、２年前の取得時にはその要件を満たしていましたが、今年は自己の居住の用に供する割合は、

40% < 50%（1／2）

となっています。この要件は、取得時にクリアすればよいのではなく、毎年その要件を満たしていなければなりません。

住宅ローン控除は、生活をするための住宅の取得を促進する制度です。居住の用に供しない利用方法や、実際に居住していないような場合に適用されないことは、法律の趣旨からすると当然といえるのです。

原則と例外の関係

特例制度には、どうしてこのように細かな縛りがあるのでしょうか？

答えは、特例制度は税金の原則に反しているからです。

税金は、もともと公共サービスの資金を徴収するために作られた制度です。所得税法が個人のすべてのもうけを課税の対象と規定するように、税法は税金を徴収するために存在します。

これに対し特例制度は、納税者のさまざまな事情を考慮して特別に税金を取らない、あるいは税金を少なくするもので、税金の徴収を原則とする税法の、例外とでもいうべき存在です。あくまで例外的な措置ですから、原則とは異なりその対象を限定しなければならないのです。

先にみた住宅ローン控除には、主に6つの要件（196頁）がありましたが、

①によって、生活をするための家屋に限定し

②によって、いわゆる高所得者をこの特例から排除し

③によって、一定の基準以上の家屋の建築をうながし

……というように、条件を絞っているのです。

もう一つ注意すべきポイントとして、例外措置は、その要件をすべて満たしたときにだけ認められます。一つでもその要件が欠けると、税金の控除等は受けられなくなります。

特例制度は0か100、要件がすべて満たされないときは、自動的に原則的措置、つまり課税になるのです。

みなさんは、この特例制度の特徴をしっかりと覚えておいてください。

税務調査って脱税犯を捕まえるんでしょ？

税金を少なく支払うと脱税？

「壁の中に金塊が！」「犬小屋に現金が！」……まるで作り話のような脱税の手口。脱税をする人は、いろんな手口を考えるようです。

昨年も、有名芸能人が長い間申告をしていなかったことや、コンビニ店員のイートインをめぐる客への対応など「脱税」の文字が、ネットや新聞紙上を賑わせました。こうしたニュースを通じて、国民の一人ひとりが、税金のことに関心を持ち、正しい税金の納付を心がけることは、とても大切なことです。

ところで、こうしたニュースをみた一般の人は、すべての事件を脱税と考えているようにみえるのですが、それでは、脱税事件として起訴される主な税金（申告所得税・法人税・相続税・源泉所得税・消費税）の事件は、１年間にどれくらいの件数があると思いますか？　また、起訴された事件のうち、有罪になる割合はどれくらいだと思いますか？

国税庁の平成30年度統計資料によると、脱税事件として起訴された件数は124件（内訳／申告所得税14件、法人税59件、相続税・源泉所得税・消費税51件）となっています。そして、有罪の割合は無罪件数0、つまり有罪確率100%となっています。

なお、同じ資料にある、申告所得税の申告件数は約2,200万件、法人税の申告件数は約287万件です。どうでしょう、脱税事件となる件数は、考えていたより少なくはないですか。

先にお断りしておきますが、本来納めるべき税金をわざと納めない、あるいはなんらかの手段を使って少なくすることが許されないことはいうまでもありません。ただ、巷で使われる「脱税」という言葉は、正しく使用されていないように思います。あえて厳しい言い方をすれば、そこに、国民の税への無関心さが表れているような気がするのです。

怖い？　税務調査

みなさんは、税務調査にどのようなイメージを持っていますか？

映画やテレビで見るような、「マル査」が悪い脱税犯をこらしめる、強制的な調査を想像されるのでしょうか。少し誇張はありますが、あのような手法の調査があるのは事実です。みなさんがイメージされる調査は、国税局調査査察部(いわゆる「マル査」)が行う査察調査のことです。

査察調査とは、具体的な租税犯罪（脱税）の疑いがある場合に、その事件の解明のために行われる調査のことをいいます。査察調査は租税犯罪を解明し、悪質な納税者の刑事責任を追及することを目的としています。
警察の捜査と同じだといえば、わかりやすいでしょうか。脱税の証拠を探し出すための犯罪の捜査です。
この調査は、ときには人の自由を拘束し、所有物を差し押さえるなどの強制力を行使するものであるため、国税犯則取締法という法律にもとづいて行われます。
この査察調査は、税務職員であれば、誰もが行えるものではありません。所得税、法人税、相続税、消費税などのいわゆる「直接税」の調査は、国税庁調査査察部の指揮のもとに、各国税局（全国で11か所）および沖縄国税事務所の調査査察部所属の査察官しか担当できないこととされています。
租税犯罪の調査を査察官が行うこととされているのは、租税犯罪については証拠の収集やその判断に特別の知識と経験が必要だからとされています。つまり、マル査は脱税犯を捕まえるエキスパートだといえるのです。
査察調査には、二つの手法があります。

① 任意調査

査察官は、調査に必要であれば、当事者あるいは参考人に質問をしたり、所持品等を検査したりすることができます。この質問および検査は、任意で行われるものであり、それに応じるかどうかは調査を受ける者の自由ですが、検査の拒否や妨害に対しては、罰金が科されることになっています。

② 強制調査

お馴染みのワンシーン、査察官がサッと令状を取り出して決め台詞を……。そうです、これが強制調査です。

査察官は、調査に必要であれば裁判所の許可を得て、当事者の許可なく、一定の場所に立入り（「臨検」といいます）、身体や所持品、自宅の中を調べ（「捜索」といいます）、その所持品等を持ち帰る（「差押」といいます）ことができます。この強制調査に必要な令状を「捜索差押許可状」といいます。当然のことながら、調査を受ける側はこの調査を拒否することはできません。

査察官は、これらの調査の結果、脱税の事実があると判断したときには、直ちに検察官に告発しなければなりません。その後、検察官による起訴、裁判へと手続きが進み、有罪となって初めて脱税犯となります。

査察調査の目的は、脱税という犯罪をあばき、その犯人に刑事責任（懲役や罰金など）を負わせることにありますが、同時にそれは、人権を侵害する行為にもなりうるため、厳格な法手続きのもとに執行されなければなりません。このような厳格な手続きを要するため、過去5年間に起訴された件数は、

年度	平成26年度	平成27年度	平成28年度	平成29年度	平成30年度
起訴件数	117件	111件	128件	113件	124件

【国税庁統計資料による】

と、みなさんが想像するより相当少ない件数になっているのです。これが、いわゆる「脱税」の正しい意味です。

脱税とは

みなさんがすぐ口にする「脱税」。正しくは脱税犯あるいは逋脱(ほだつ)犯といい、所得税法238条、同239条、法人税法159条、相続税法68条等に規定されています。脱税犯は、

① 納税義務者等が
② 偽りその他不正の行為によって
③ 税の納付を免れまたは還付を受けること

によって成立する、れっきとした犯罪です。

②の「偽りその他不正の行為」とは、税金を免れる意思をもって、帳簿書類への虚偽記載や、二重帳簿の作成、請求書等証憑類の改ざんその他誰がみても不正と認められる行為を意味します。要するに、納税者が税金を免れるために、意図的に不正の行為を働き、その結果税金の支払いを免れることをいうのです。

よく、脱税の額が１億円になると脱税犯として捕まる、といったことを聞きますが、実際にこうした明確な基準があるわけではありません。脱税の額も一つの基準とはなりますが、手段の悪質性や納税者のこれまでの対応などから総合的に判断して、脱税犯として告発されることになるようです。

脱税犯には、後でみるように、重い刑罰が科されます。

一般的な税務調査

(1) 一般的な税務調査の件数

それでは、有名芸能人のケースは何だったのでしょう。申告していなかったということは事実のようですが、その際には査察調査は行われていなかったのでしょうか？

実は、税務調査には査察調査とは違う、もう一つの調査があります。そして、これから説明する調査を、一般的に「税務調査」といい、実施件数は査察調査に比べて格段に多いのです。

それでは、国税庁の報道発表資料から、主な税金に係る平成30年６月～令和元年５月までの実地調査の件数と、申告の漏れによって追徴された税金の額をみてみましょう。

税金の種類	所得税	消費税（個人）	相続税	贈与税	法人税	消費税（法人）
調査件数	73,579件	38,423件	12,576件	3,809件	99,000件	95,000件
申告漏れ等の件数	60,964件	31,627件	10,521件	3.565件	74,000件	56,000件
追徴税額	813億円	247億円	676億円	57億円	1,943億円	800億円

【国税庁統計資料による】

調査の実施件数、申告漏れ等が指摘された件数は、査察調査とは比べ物になりません。同時に追徴税額も相当な金額になっています。

余談になりますが、現在インターネット取引を行っている人、必見です。この表は、インターネット取引を行っている個人に対する調査の実績です。

—	—	対前年比
調査件数	2,127 件	105.6%
申告漏れ等の件数	1,850 件	106.6%
追徴税額	37 億円	156.8%
1 件当たりの追徴税額	274 万円	147.3%

【国税庁統計資料による】

こちらも、少なくない件数です。いずれの数値もここ数年右肩上がりに増加しており、今後も調査件数は増えるでしょう。

(2) 税務調査の必要性

わが国の多くの税金は、納税者が確定申告をすることで、納めるべき税額が確定します。これを「申告納税方式」といいます。毎年3月15日までに所得税の確定申告を行う理由は、納税者自らの手で、納付すべき税額を確定させるためです。

しかし、わが国の税金の法律は、これまでみたように非常に難解です。税理士や税務職員といえども、条文を一度読んですべてを正しく理解できるとはいえません。まして一般の納税者にすれば、その難解な法律の規定にしたがって、常に正しい税額を確定することは至難の業です。

もし、納税者の確定申告だけで納めるべき税額が確定するとすれば、誤って税額を計算した申告（少ない場合も多い場合もあります）であっても、その誤りを誰も訂正することができなくなります。また、誰も訂正できないとなれば、意図的に税金を少なく申告する者も出てくるでしょう。

そのようなことが起こらないよう、国には二次的に税額を確定する権限が与えられています。すなわち、納税者の申告した税額の計算が法律の規定に従っていなかったときや、税務署の調査したところと異なるときは、税務署長等は、税額を更正（間違いを正すこと）することができるとされています。また、納税者が申告をしなかった場合には、調査によって税額を決定することができるとされています。

(3) 税務調査の内容

この更正・決定を行うための資料を収集するにあたって、納税者に質問をし、関係書類を検査する権限が税務職員に認められています。この権限を「質問検査権」といい、この権限を行使して税務職員が行う調査を一般的に「税務調査」というのです。税務調査の目的は、脱税犯の処罰のためではなく、正しい税額の追求にあります。

税務調査は査察調査とは違い、強制調査は認められません。基本的に納税者に対し、事前に調査の通知をして、納税者の同意を得て行う任意調査です。その反面、それが法律に従って行われる税務調査である限り、納税者が質問に答えなかったり、検査を拒否したりすると、刑罰が科されることとなっています。いわば間接的な強制力のある調査といえます。

査察調査と税務調査の違いを、表にまとめました。

調査の種類	調査の目的	調査の担当	調査の方法
査察調査	脱税犯の告発	調査査察部 所属の査察官	強制及び 任意調査
一般の税務調査	正しい税額の 追求	税務職員	任意調査

有名芸能人の無申告事件をはじめ、みなさんが耳にする「税務調査」の大半はこの任意調査を指します。

なお、税務調査があれば、税金の計算間違いを必ず指摘されるというものではありません。納税者が適正な申告をされている場合には、「更正決定等をすべきと認められない」旨の通知書面を受け取って、調査は終了します。

「税務調査に入られた＝悪いことをしている人」といった間違った認識を持たないようにしてください。

税務署の処分に納得できないときは？

税務調査後の対応

さて、一般の税務調査で、税金の計算間違い等が指摘された場合、納税者はどのような対応を迫られるのでしょう。それには、

①　**修正申告**

②　**更正処分**

の二つのケースがあります。

また、有名芸能人のように何年分も申告をしていなかったような場合には、

③　**期限後申告**

④　**決定処分**

の二つのケースがあります。

まず①修正申告と③期限後申告についてです。修正申告とは、当初提出した確定申告を、文字通り修正する、つまり正しい税額の申告書に訂正して提出することです。期限後申告とは、所得税の場合、毎年3月15日の確定申告期限を過ぎてから確定申告書を提出することですが、税務調査を受けた場合には通常何年分かをまとめて提出することになります。①も③も納税者が自分で申告書を作成し提出します。

次に、②更正処分と④決定処分についてです。更正処分とは、申告された税額が税務調査の結果と異なるときに、税務署長が税務調査に基づいて正しい税額を計算し、納税者にそれを通知する処分のことをいいます。決定処分とは、納税者が確定申告をしていないときに、税務署長が税務調査に基づいて正しい税額を計算し、納税者にそれを通知する処分のことをいいます。納税者は、これらの処分に納得できない場合には、その処分を争うことができますが、その方法については、次項で説明します。

①～④は、いずれも誤ったあるいは申告されなかった税金を正しく計算し、訂正する行為ですが、その訂正をする者が①と③は納税者、②と④は税務署長というところに違いがあります。納税者がその訂正等に納得をしたのであれば、①～④のいずれでも、その結果に大きな違いはありません。

しかし、納税者が税務調査の結果に疑問を持ちながら渋々応じたような場合には、その後に大きな違いがあることを知っておいてください。

修正申告等と更正処分等の違い

その違いとは、**修正申告や期限後申告をした場合には不服を申し立てることができない**ことです。なぜ、不服申立てができないのか、その理由は、納税者が自分の非を認めて謝罪したからです。

わかりやすく説明します。修正申告とは、納税者が自らの非を認めて、その間違いを自ら訂正するもの、また、期限後申告も税務調査の結果を受けて、無申告状態を自ら訂正するものです。税務調査の現場では、納税者が自分の非を認めて謝ったのだから、後になって不服申立てをすることなんてありえない、というように考えるのでしょう。

これに対し、更正や決定処分によって示された税額は、税務署長が決めたものです。そのため、その税額が納税者の考えと違っていると思うときには、それを裁判等で争うことができるのです。

更正や決定処分は、このように後々紛争になることがあります。そのため税務署では、更正や決定処分をする際には後に紛争にならないよう、慎重に検討を重ね処分をするようです。乱暴な言い方をすれば、更正や決定は、処分に至るまで、そして処分した後も時間と手間がかかるのです。

そこで、実務上税務調査の後は、修正申告の勧奨（かんしょう）が行われます。勧奨とは、修正申告書の提出を税務職員が納税者に勧めることをいい、国税通則法という法律で認められた行為です。納税者に非を認めさせるかどうかで、その先の対応が変わるのですから、税務職員の心理からすれば勧奨の方向に誘導するのは当然です。

残念ながら、ほとんどの納税者はこのような実態を知りません。修正申告書や期限後申告書を提出することは、納税者自らの意思で提出したとみなされることを納得したうえで、提出するよう気をつけるべきです。

税務調査の結果に納得いかない場合

税務調査が終わりました。税務署から指摘を受けましたが、納税者がどうしても納得できず、そのまま修正申告書を提出せずにいると、更正処分が通知されました。

こんなとき、納税者はどうすればよいのでしょう。ここでは、その更正処分を争う方法を解説します。

(1) 再調査の請求

納税者は、税務署長からの更正処分などに不服があるときは、これらの処分を行った税務署長等に対して不服を申し立てることができます。これを「再調査の請求」といいます。

再調査の請求は、原則として処分の通知を受けた日の翌日から３か月以内に税務署長等に再調査の請求書を提出することにより行います。

再調査の請求書を受理した税務署長等は、その処分が正しかったかどうかを再調査し、その結果を納税者に通知します。

最近の再調査の請求の件数と、納税者の主張が認められた件数は次のとおりです。

区分 Type		再調査の請求件数 Number of the requests for re-examination	伸び率 Growth rate	処理済件数 Number of already processed	請求認容件数 Number of claim accepted	割合 Percentage
		件 Case	%	件 Case	件 Case	%
平成26年度	FY2014	2,755	16.8	2,745	256	9.3
27	2015	3,191	15.8	3,200	270	8.4
28	2016	1,674	△47.5	1,805	123	6.8
29	2017	1,814	8.4	1,726	213	12.3
30	2018	2,043	12.6	2,150	264	12.3
令和元年度	2019	1,359	△33.5	1,513	187	12.4

【国税庁「税務統計（令和元年度）」】

なお、納税者は、この再調査の請求をせずに、次の方法を採ることもできます。

(2) 審査請求

納税者は、税務署長等が行った処分に不服があるときは、その処分の取消しを求めて国税不服審判所長に対して不服を申し立てることができます。これを「審査請求」といいます。

国税不服審判所は、1970年（昭和45年）に設立された、国税の処分についての審査請求に対する裁決をする機関です。国税不服審判所は、国税庁の特別機関としての位置付けですが、近年では審判官に弁護士や税理士などの民間人を登用するなど、公正な第三者的立場での審理を図ることとされています。

審査請求は、

①　再調査の請求を経ずに行う場合 **②　再調査の請求に対する税務署長等の判断に不服がある場合**

に行うことができます。

なお、審査請求は、原則として、①の場合には処分の通知を受けた日の翌日から３か月以内に、②の場合には再調査決定の通知を受けた日の翌日から１か月以内に、審査請求書を国税不服審判所長に提出することにより行います。

審査請求書を受理した国税不服審判所長は、その処分が正しかったかどうかを調査・審理し、その結果を納税者に通知します。

最近の審査請求の件数と、納税者の主張が認められた件数は次のとおりです。

区分 Type		審査請求件数 Number of requests for reconsideration	伸び率 Growth rate	処理済件数 Number of already processed	認容件数 Number of claim accepeted	割合 Percentage
		秤 Case	%	件 Case	件 Case	%
平成26年度	FY2014	2,030	△28.9	2,980	239	8.0
27	2015	2,098	3.3	2,311	184	8.0
28	2016	2,488	18.6	1,959	241	12.3
29	2017	2,953	18.7	2,475	202	8.2
30	2018	3,104	5.1	2,923	216	7.4
令和元年度	2019	2,559	△17.6	2,846	375	13.2

【前掲・国税庁】

(3) 訴　　訟

納税者は、

①	国税不服審判所長の判断になお不服がある場合
②	審査請求から３か月を経過しても裁決がない場合

には、裁判所に訴えを提起することができます。

①の場合には、原則として裁決書を受けた日の翌日から６か月以内に行う必要があります。

最近の訴訟件数と、納税者の主張が認められた件数は次のとおりです。

区分 Type	訴訟提起件数		訴訟終結件数	原告勝訴件数	
	Number of filed litigation cases	伸び率 Growth rate	Number of processed litigation cases	Number of decisions in favor of plaintiffs	割合 Percentage
	件 Case	%	件 Case	件 Case	%
平成 26 年度　FY2014	237	△ 18.3	280	19	6.8
27　2015	231	△ 2.5	262	22	8.4
28　2016	230	△ 0.4	245	11	4.5
29　2017	199	△13.5	210	21	10.0
30　2018	181	△9.0	177	6	3.4
令和元年度　2019	223	23.2	216	21	9.7

【前掲・国税庁】

(4) まとめ

いかがでしょう。訴訟等によって、納税者の主張が認められるケースが一定程度（おおむね１割を超えて）あることが、おわかりのことと思います。

このうち、(3) の手続きを一般に「租税訴訟」といいます。また、(1)～(3) を合わせて「租税争訟」といいます。(1) と (2) は行政機関に救済を求めるもので、(3) は裁判所に救済を求めるものです。このため、(3) は弁護士だけが納税者の代理をすることができますが、(1) と (2) については、税理士も納税者の代理をすることができます。

弁護士の中には、(1) (2) の結果を待たず、裁判所の判断を求めようとする人もいます。ただ、私が税理士だからというわけではないのですが、(1) → (2) → (3) の手続きを順に踏むほうがよいと考えます。その理由は、二つあります。

第一に、救済される機会が増えるからです。租税争訟の場合、結論が「0か100か」というものだけではありません。中には、税額が減額されるような救済もあります。審査の機会が多いほど、こうした救済の機会も増えることになります。

第二に、(1) や (2) で税務署の主張の全部または一部が認められなかったときに、税務署はそのことを (2) や (3) で争えないからです。例えば (2) の裁決で、国税不服審判所が税額を半分にする判断を示せば、税務署はその裁決の内容を (3) の裁判において争うことができません。これに対し納税者は、その残り半分の税額の適否をめぐって、さらに（3）で争うことができるのです。

租税争訟においては、更正処分が全部取り消されるほかに部分的な救済もあるので、納税者はあらゆる主張を展開することになります。先ほど（3）は、弁護士だけが納税者の代理をできるといいましたが、2002年4月から、税理士が裁判所の許可を条件とせず、補佐人として弁護士とともに出廷し、陳述することができるようになりました。

裁判のことは弁護士に、とみなさんは考えるでしょう。しかし、税金をめぐる裁判です。税理士は、税金の専門家、税法に精通し、しかも実務をよく知っています。その税理士が、補佐人としていろいろな証拠を出し、意見を述べることで、納税者が救済されるケースが間違いなく増えています。

また、国税不服審判所の審判官に、税理士を含む民間人の登用が進んだことで、裁判になる前に救済されるケースも増えています。

税務署の処分にどうしても納得できないのであれば、こうした制度を利用することをお勧めします。

もうわかった？「見解の相違」の意味

ペナルティ

(1) 修正申告等をした場合

さて、税務調査で税額等が少ないことを指摘されて、修正申告に応じた場合あるいは更正処分をされた場合、ペナルティとして次のような税金が課されます。

名　称	課税要件	課税割合
①過少申告加算税	期限内申告について、修正申告・更正処分があった場合	10% 15%　※1
②無申告加算税	ⓐ期限後申告・決定処分があった場合 ⓑ期限後申告・決定処分について、修正申告・更正処分があった場合	15%　※3 20%　※2
③不納付加算税	源泉徴収等による国税について、法定納期限後に納付等があった場合	10%
④重加算税	仮装・隠ぺいがあった場合	(①③に代えて) 35%　※3 (②に代えて) 40%　※3

※1　期限内申告税額と50万円のいずれか多い金額を超える部分

（例）

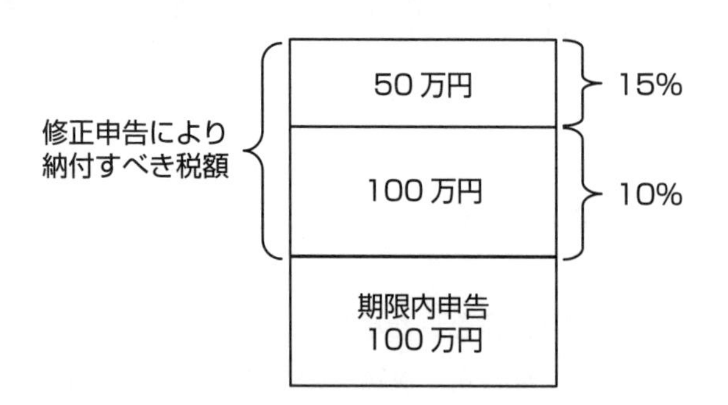

※2　50 万円超の部分

※3　過去5年以内に、無申告加算税または重加算税を課されたことがあるとき 10%加算

加算税とは、申告納税制度の定着と発展を図るため、申告義務が適正に履行されない場合に課される、一種の行政制裁的な性格を有する税金です。※1（例）を参考に説明すると、この納税者は、修正申告により 150 万円の税金を納付したうえに、

100 万円×10%＋50 万円×15%＝17 万 5,000 円

の加算税も納付することとなります。

中でも、注意すべきは重加算税です。これは、税金の計算の基礎となる事実について、隠ぺいや仮装がある場合に課されるペナルティです。ここにいう隠ぺいとは売上除外、帳票類の廃棄などが、仮装とは架空仕入、架空の契約書、二重帳簿などが該当します。

先にみた脱税犯は、偽りその他不正の行為によって税の納付を免れまたは還付を受けることでした。

偽りその他不正の行為……隠ぺいまたは仮装

よく似ていませんか？

そうです、重加算税は、脱税犯の場合や脱税犯には問われないまでも、納税者が意図的に不正を働いて税金をごまかした場合に課される重いペナルティです。税率は35％、無申告の場合は40％、さらに過去5年以内に無申告加算税または重加算税を課されたことがあるときは、それぞれ45％、50％の税率となります。

また、重加算税は、納税者がわざと（故意に）そのような行為をした場合だけではなく、従業員の隠ぺい・仮装による場合で、代表者がその事実を知らなくても要件は満たされているとした裁判例もあります。

こうした加算税のほか、法定納期限の翌日から納付する日までの日数に応じて、利息に相当する延滞税も自動的に課されます。

(2) 脱税の場合

次に、いわゆる脱税の罪が確定した場合の刑罰についてです。

税目	種類	内容	懲役と罰金の併科[※1]
所得税・法人税・相続税・贈与税・地価税・消費税	懲役 罰金	10年以下 1,000万円以下	あり
その他間接税	懲役 罰金	10年以下 100万円以下	あり
源泉所得税	懲役 罰金	10年以下 100万円以下	あり

※1　併科……懲役と罰金の両方を課すこと

脱税の罰則は、2010年（平成22年）6月1日に強化されました。窃盗罪の法定刑が、10年以下の懲役または50万円以下の罰金であることと比較すると、脱税の罪がいかに重いか、おわかりのことと思います。それほど、重大な犯罪だという認識を納税者は持つべきです。

さらに要注意は、脱税の場合は、この罰則だけにとどまらないということです。懲役、罰金の刑罰に加え、納めるべき正しい税額と、重加算税、延滞税も負担しなければなりません。

税金をごまかしても、結局損をするというのは、こうした重いペナルティがあるからです。みなさんも注意してください。

記憶に残る税務調査

私も税理士として、いろいろ税務調査に立ち会いましたが、まだ税理士事務所に勤務していたころの調査で、記憶に残るものがありました。その会社は飲食店を経営し、毎期数千万円の所得を計上している経営状態が優良な会社でした。売上や仕入れなどの帳簿も正確で、現金などの管理もしっかりしています。そこに、税務調査が来ることに。

税務調査は会社の規模にもよりますが、この規模の会社であればだいたい3日程度の実地調査があります。調査官は、経営者から近況を確認し、帳簿や請求書、領収書などを手際よくチェックしていきます。飲食店の場合、現金取引が多くなるため、現金売上の除外などがチェックされますが、その事実もありません。また、請求書や領収書もしっかりと保存されています。

最終日になって、新しいメニュー表を制作した業者からの請求書に調査官の目が止まりました。どう見ても普通の請求書です。請求書には、3月27日に納品されたとあります。調査官は、経営者から作成したメニュー表の説明を受け、当日はそれで調査が終わりました。記憶では、その金額は30万円ほどでした。ほかにこれといった指摘事項もなく、その経営者もどうやら無事に税務調査が終わった、と思ったようです。

ところが、数日後調査官から電話がありました。このメニュー表が会社に届いたのは4月2日なので、その期の必要経費にはならないというのです。よくよく話を聞きますと、調査官は翌日、そのメニュー表を制作した会社に確認に行ったそうです。当初は、その会社からも3月27日に納品をしたという話を聞いたそうですが、さらにそのメニュー表を配送した運送会社にまで足を運び、4月2日の納品伝票を発見したとのこと。それは、メニュー表が3月31日までに納品されていなかったことを示す証拠です。

その事実を告げられた経営者は、制作業者に依頼して請求書を書き換えてもらったことを白状しました。結果は、その30万円の修正申告。税額は10数万円程度でしたが、偽の請求書の作成を依頼したことで、重加算税が課されることとなりました。その経営者は、なぜそんなことをしたのか、そんな気持ちになったのかわからない、と話していました。

毎期数千万円の所得を計上し、何千万円の税金を納めている経営者ですら、わずかな税額でも惜しくなることがあるのです。そのことを実感するとともに、調査官の目の付け所に感心したこともあって、記憶に残る税務調査となりました。

おさらい――正しい税金の知識

この項目のおさらいです。

> ① 所得税約○○万円を脱税したとして、××国税局が所得税法違反の罪で、建設工事会社の男性社長を△△地検に告発していたことがわかりました。過少申告加算税を含む追徴税額は約○○万円。既に修正申告は済ませたということです。

② 株式会社○○に××国税局の調査が入り、４年間で約○億円の法人税などの申告漏れを指摘されました。関係者によると、税務当局との見解の相違によるもので、最終的には税務当局の指摘に従って修正申告を行いました、とのことです。

③ 飲食店を手掛ける△△株式会社の会長◇◇が××国税局の税務調査を受け、同人の○年分の所得について、約○○○億円の申告漏れを指摘されていたことが、関係者への取材でわかりました。
所得税の追徴税額は過少申告加算税を含め約○○億円。◇◇氏は納付しましたが、処分を不服として、××国税不服審判所に審査請求したもようです。

この本を読む前のみなさんであれば、どのニュースもきっと「税金を誤魔化した悪い納税者」というイメージを持っていたと思いますが、今ならこのニュースの意味と違いがわかるはずです。

いずれも、税務調査を受けた事案ですが、

①は、査察調査を受けて刑事罰を追及されたケース
②は、一般の税務調査の後、修正申告の勧奨を受け入れ修正申告をしたケース
③は、一般の税務調査の後、修正申告には応じず更正処分を受けその処分を争ったケース

と区別することができます。

このうち①は、脱税という文字どおり犯罪の嫌疑がかけられたケースであり、その後の裁判で有罪となれば、税金を誤魔化した悪い納税者のレッテルを貼られても致し方ないケースです。

これに対し、②と③は一般の税務調査によるもので、何もかもを悪い納税者だと決めつけることは間違っています。

税務調査は、所得税、法人税、消費税、相続税など、身近な税金に対して行われます。サラリーマンでも、相続が発生したり、インターネット取引での副業があったりと、近年は税務調査が他人事ではない時代になっています。税務調査の実態を正しく理解し、正しい目で税金の世界をみてください。

税務行政編　信義則違反

⑧ 税務署で聞いたとおりに申告したのに？

税務署に相談に行ったのに？？

毎年３月15日は、所得税の確定申告の期限です。日本中の税務署の職員や、税理士事務所のスタッフが、数日前から目を血走らせてこの日を迎えていることを、あなたはご存知でしょうか。そんなスタッフの苦労を少しでも減らすためにも、確定申告書はできるだけ早く提出してくださいね（笑）。

それはさておき、個人で商売をしている人、アパートの賃貸経営をしている人、家や土地を売った人、サラリーマンで副業をしている人等々、確定申告の義務がある人は多数います。そして、大半の納税者は真面目に申告をしています。

今回は、そんな真面目な納税者Ａさんを襲った悲劇ともいうべき事件を紹介します。

(1) 税務署での相談

Ａさんは、自宅を売却しようと考えており、不動産業者から売却金額の提示を受けました。そのことを友人に相談したところ、

税務行政編

・自宅を売却すると確定申告をする必要があるらしい
・自宅の売却には税金が安くなる方法があるらしい
とアドバイスされました。

税金の知識のないＡさんは、すぐに税金の計算に必要であろう資料を持ってＴ税務署へ。Ａさんは、税金が高いようであれば、自宅を売却しないと決めています。

対応したのはＺ税務署職員。

Z こんにちは。今日は何のご相談ですか？

A すみません。自宅を売ろうと考えているのですが、どれくらい税金が出るのか教えてもらいたいのですが（すべての資料を見せる）。

Z （資料を一通り見た後で）そうですね。自宅を購入した金額より、売却予定の金額の方が高くなっていますから、所得税が発生しそうですね。

A 友人から自宅を売却した場合には、税金が安くなるかもしれないと聞いてきたのですが。

Z ご自宅の売却であれば、××という特例措置が使えます。これを使うと税額は100万円程度になりますね（計算メモをＡに手渡す）。

A それくらいの税金であれば、自宅を売却することにします。ありがとうございました。またいろいろと教えてください。

Aさんは、100万円くらいの税金であればと売却を決意、すぐに自宅を売却しました。

売却の翌年3月1日、Aさんは再びT税務署を訪れ、Z職員に確認をしてもらいながら、計算メモのとおりに確定申告書を作成し提出、同時に100万円の納税も済ませました。

ところが1年後、その申告に対する税務調査が行われることに。

T税務署の担当者はX職員。

X　Aさんのご自宅の売却には、××という特例は使えません。正しい税金は500万円になります。申告が間違っているので、修正申告書を提出して、税金の不足額400万円を納めてください。提出がない場合は、更正処分をすることになりますが……。

A　ちょっと待ってください。この申告はZ職員に教えてもらった通りに作成し、その内容も確認してもらっています。そもそも、税金がこんなに高額になるのであれば、自宅を売却しなかったのです。間違っているとしても、それは教えてくれたZ職員の責任で、私の責任はありません。税金は1円だって払うつもりはありません！

(2) それぞれの主張

最初にお断りしておきますが、この話は、フィクションではありません。Aさんは T 税務署の勧める修正申告に応じなかったため更正処分を受け、その処分を不服として裁判に持ち込んだ、そんな事件です。

裁判所でのそれぞれの主張

Aさんの主張

- Z職員は、メモを作成しながら計算式を示して税額を計算してくれた。
- その税額を見て安心して自宅を売却する決意をした。
- 申告書の作成においても、記入する金額に間違いがないか確認してもらっている。
- 資料を全部見せるなど個別具体的な相談をした。

・税金のことは複雑かつ難解なので、間違った申告をしないように、あらかじめ専門家である税務署に相談に行ったのであって、自分に責任はない。

T税務署の主張
・仮にZの助言が間違っていたとしても、それは税務署の公式見解ではない。
・Zの作成したメモは、実際の売買の前に作成されたもので、本件申告における税額の計算誤りとの間には因果関係がない。
・さまざまな状況の下で行われる税務職員の見解のすべてが信頼の対象となる公的な見解となるものではない。

どちらの主張が正しいと思いますか？

多くの人は、Aさんが正しい税金を納めようとわざわざ税務署まで足を運んだこともあって、Aさんの肩を持つのではないでしょうか。

Aさんの論理構造は、

・自分の提出した申告書に間違いがあることは認める
・申告を間違った原因は、Z職員が誤った助言をしたからである
・自分はその助言どおりに申告をした
・したがってその更正処分は違法である

となります。

はたして、その結果は？

裁判所の判断

① 合法な課税処分について、信義則の適用により、これを違法なものとして取り消すことができる場合があるが、信義則の適用は慎重でなければならない。
② その判断は、他の納税者との平等や公平を犠牲にしてもなお、正義に反するというような特別の事情がある場合に限られる。
③ 特別の事情があるかどうかの判断は、少なくとも税務署が納税者に対し公的な見解を表示し、納税者がその表示を信頼した場合であるかどうかを考慮しなければならない。
④ その判断の対象となる税務署が表示した公的見解とは、一定の責任のある立場の者による正式見解の表示であることが必要である。
⑤ 税務署職員による助言は、相談者に対する一応の参考意見を示すものにとどまるもので、本件においても、Zの助言は、税務署長ら一定の責任ある者の正式見解の表示ということはできない。

法律の原則に、「信義誠実の原則」と「禁反言の法理」があります。信義則とは、人は法律生活において相手の合理的な期待や信頼を裏切ってはいけないという原則です。また、禁反言の法理とは、人は一度言葉にしたことや行動したことを、それが誤っていたからという理由でひるがえすことはできないという原則です（以下、二つの原則を合わせて「信義則」とします）。

本件の争点は、税金の世界にも信義則の適用があるかということです。具体的には、

税務署職員の助言を信用した納税者の信頼を裏切って、税金を課してはならないといえるかどうか

です。

この点につき裁判所は、信義則は、他の納税者との平等や公平を犠牲にしてもなお、その納税者を救済しなければ社会正義に反するような特別の事情がある場合に限って適用があると判断しました。そして、本件は特別の事情がある場合に該当しないとして、Aさんの主張を認めませんでした。

なお、裁判所は、信義則が認められるには、少なくとも税務署長らが正式な見解を示して、納税者がこれを信用した場合でなければならないとしています。実務において、税務署長が個別の納税者に対して、お墨付きを与えることなどありません。つまり、信義則が適用されるケースは、ほとんどないということになります。T税務署は、裁判の争点を見越して、Zの助言が税務署長の正式な見解ではないと主張していたのですね。

異なる視点で事案をみてみると

この事件は、けっして珍しいケースではありません。税金の種類はいろいろ異なりますが、昭和の時代から何度も繰り返し争われている、税務署と納税者の永遠のテーマともいえる事件です。そして、多くの裁判所が、本件と同様の判断をしています。

一見すると、Aさんには厳しいようにみえる判断、しかし、違う視点からこの事件をみれば、あなたの考えが変わるかもしれません。

Aさんの友人Bさんも、Aさんと同じような状況にありました。

> **Bさんも以前から自宅の売却を検討していましたが、Aさんが自宅を売却したという話を聞いて、自分も自宅を売却することにしました。**
>
> **Bさんも税金の知識がないので、S税務署を訪ね、R職員に相談しました。**
>
> **R職員は、Bさんの自宅には××という特例措置は使えないこと、税額が500万円程度になることを説明、その説明を聞いたBさんは、自宅を売却した翌年に確定申告をして500万円を納税しました。**

Bさんは、最初から正しい税金500万円を納めました。これに対しAさんは、Z職員の助言が間違っていたとはいえ、最初に納めた税金は100万円です。もしあなたがBさんだったら、Aさんの話を聞いてどう思いますか？

「自分だけ 400 万円損をした」
「A さんだけ 400 万円得をしてズルい」
「A さんは 400 万円を支払うべきだ」
いろいろ考えますよね。

実は、裁判所が②で示した「他の納税者との平等や公平」とは、このことを指摘しているのです。税金には、租税公平主義の原則があることはすでにお話ししました。

すなわち、同じ状況にある A さんと B さんは、

- **一方だけが特別な恩恵を受けることはできない**
- **A さんと B さんは同じ税金を負担しなければならない**

のです。

確かに、A さんが申告を誤った原因は、Z 職員の誤った助言にあります。しかし、そうだからといって、A さんは正しい税金を納めなくてよいと結論付けるのは、少々論理にムリがあります。なぜなら、Z 職員の助言ミスは、A さんが申告を誤った原因ではありますが、A さんが正しい税金を納めなくてよいとする根拠には必ずしもならないからです。A さんは誤りが判明した時点で、正しい税金を納めることもできるはずです。

また、税金を納めなくてもよいという特別な取扱いをすれば、真面目に正しい納税をした B さんは黙っていないでしょう。他の納税者との公平という観点から、A さんは正しい税金を納付すべき、という考え方には十分な説得力があります。裁判所は、こうした視点で判断し

たのです。

信義則違反のまとめ

申告を済ませた人の中には、「税務署で確認したから」「税務署がなにもいってこないから」自分の申告は大丈夫だ、という人が一定数いるものです。しかし、税務署に相談したからといって、絶対はないのです。それは過信であって、なんの根拠もない自信だということが、おわかりのことと思います。

ちなみに、Aさんの怒りは収まらず、後で納めた税額400万円の損害を被ったとして、国に賠償を求めましたが、それも認められませんでした。その400万円については、そもそも納めるべき正しい税額であって、損害ではないというのが理由です。

では、納税者はどうすればよいのでしょうか。第一に、確定申告とは自分が行うものであって、その責任は自分にあることを自覚してください。知らない、わからないという言い訳は通用しません。第二に、税金が多額になる場合や、申告が複雑な場合などは、税務署や税理士への相談をお勧めしますが、セカンドオピニオンも考えてください。第三に、自分で調べるのは大切なことですが、インターネットの情報などを鵜呑みにしないでください。国税庁のホームページはともかく、税理士のページには結構誤った情報がアップされていることもあるので、注意が必要です（苦笑）。

著者略歴

近藤　雅人（こんどう　まさと）

近畿税理士会

1962年　滋賀県生まれ

1984年　立命館大学産業社会学部卒業

同　年　滋賀県警察職員

1999年　税理士登録・開業

2013年7月～2017年6月　日本税理士会連合会理事・同調査研究部副部長・同税制審議会専門副委員長

税理士試験（第67回・68回・69回）試験委員

現在　日本税理士会連合会常務理事・同広報部長・同税制審議会専門委員

同志社大学法学研究科非常勤講師

著書

『必要経費判定事典』（ぎょうせい）共著

『財産債務調書作成ガイドブック』（清文社）共著

『判決・裁決に学ぶ税務通達の読み方』（清文社）共著

税法学、税理、税経通信、最新租税基本判例70他、論文多数執筆

知ったかぶり厳禁
税金のホント

令和 3 年1月5日　初版発行
令和 3 年1月30日　初版2刷

検印省略

日本法令®

〒101-0032
東京都千代田区岩本町1丁目2番19号
https://www.horei.co.jp/

著 者　近　藤　雅　人
発行者　青　木　健　次
編集者　岩　倉　春　光
印刷所　日本ハイコム
製本所　国　宝　社

(営 業)　TEL　03-6858-6967　　Eメール　syuppan@horei.co.jp
(通 販)　TEL　03-6858-6966　　Eメール　book.order@horei.co.jp
(編 集)　FAX　03-6858-6957　　Eメール　tankoubon@horei.co.jp

(バーチャルショップ)　https://www.horei.co.jp/iec/
(お詫びと訂正)　https://www.horei.co.jp/book/owabi.shtml
(書籍の追加情報)　https://www.horei.co.jp/book/osirasebook.shtml

※万一、本書の内容に誤記等が判明した場合には、上記「お詫びと訂正」に最新情報を掲載しております。ホームページに掲載されていない内容につきましては、FAXまたはEメールで編集までお問合せください。

ISBN 978-4-539-72786-7